RECHERCHES

SUR

LES ARYAS

PAR

Le Général WOLFF

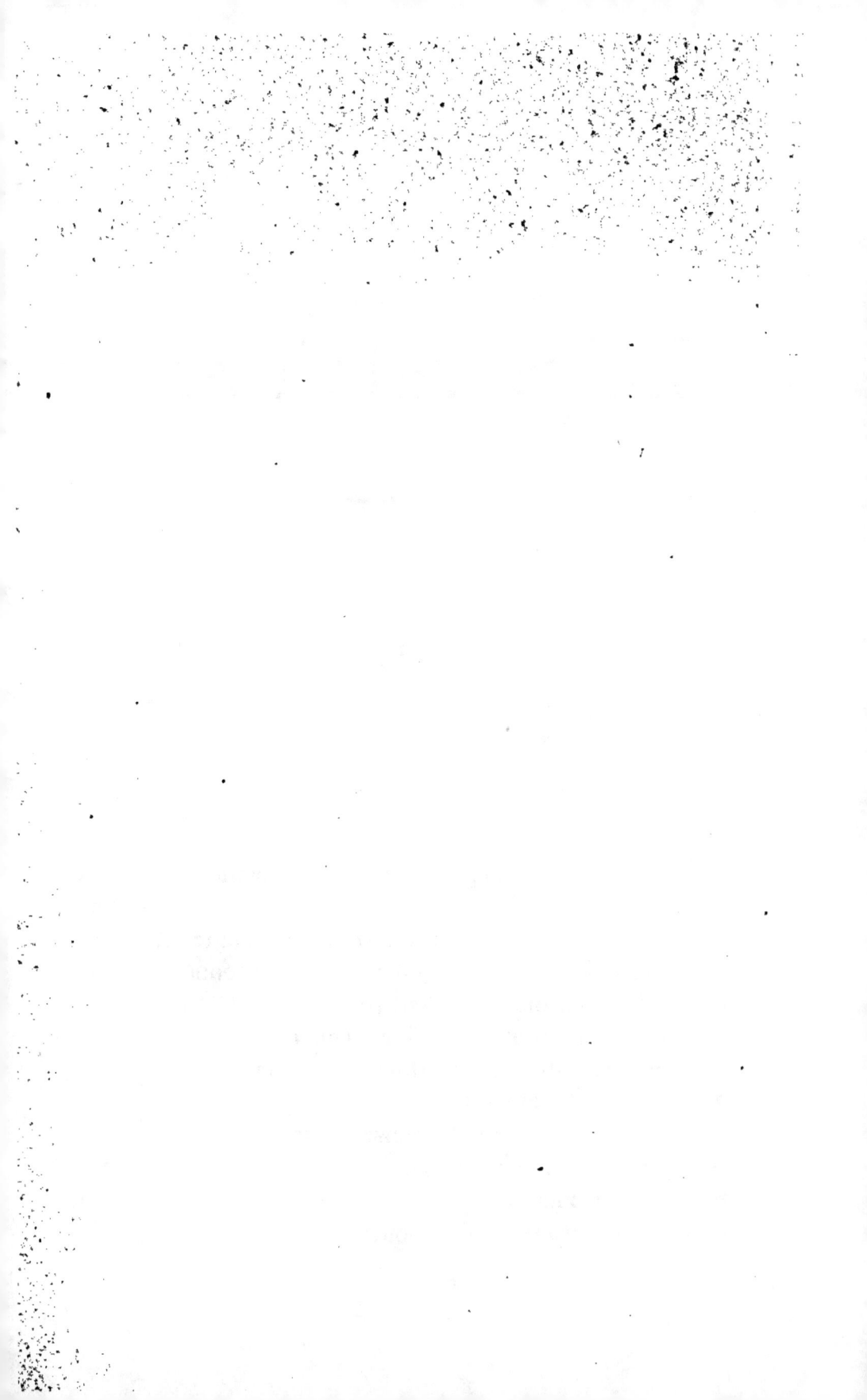

RECHERCHES

SUR

LES ARYAS

------◦----

I

Idée qu'on s'est faite des Aryas à la suite de la découverte du sanscrit.

Les Aryas, dont l'apparition dans le monde remonte à plusieurs milliers d'années avant notre ère, ont exercé une grande influence sur les destinées de l'humanité, et cependant leur existence n'était même pas soupçonnée avant la fin du siècle dernier. On était resté jusque-là en présence de leur œuvre sociale sans en connaître l'origine. Les Hébreux, les Grecs et les Romains résumaient aux yeux de la science toute l'antiquité.

C'est la découverte du sanscrit, la langue sacrée de l'Inde, qui les a tirés de l'oubli. Les philologues avaient remarqué depuis longtemps des ressemblances entre les langues européennes, sans pouvoir en découvrir la source.

Ils avaient cherché en vain à les expliquer, en attribuant tour à tour à un peuple, que chacun choisissait à son gré, la population primitive de l'Europe, et en rattachant sa langue à l'hébreu, qui passait alors pour la langue première du genre humain. La question était toujours pendante, lorsque des publications de la Société asiatique de Calcutta vinrent apprendre au monde savant que le sanscrit « d'une structure merveilleuse, plus parfait que la langue grecque, plus abondant que la langue latine, avait avec toutes les deux une parenté si étroite, qu'on ne pouvait s'empêcher de reconnaître que ces trois idiômes dérivaient d'une source commune » (1). La connaissance du sanscrit amena bientôt celle du zend ou ancien persan, et de remarquables travaux linguistiques ne tardèrent pas à mettre en évidence que ces deux langues asiatiques et les langues européennes étaient issues d'une même souche. On réussit même à découvrir les lois d'après lesquelles ces langues sœurs étaient venues à se différencier les unes des autres par des transformations phoniques et grammaticales.

Quelques indices, puisés dans les livres sacrés de l'Inde et de la Perse, ont fait donner le nom d'Arya au peuple qui avait parlé cette langue mère, et qu'on avait appelé d'abord « Indo-européen » et « Indo-germanique ». Ces mêmes indices lui ont fait assigner la Bactriane pour berceau.

Dès lors, on a supposé que, poussés hors de leur patrie par l'exubérance de leur population, ou la pression de races étrangères, les Aryas avaient graduellement envahi l'Inde, la Perse et l'Europe, en avaient exterminé la population, au point d'y faire naître un monde nouveau de sang aryen, et qu'après avoir été longtemps errants, ils avaient fini par se cantonner, en formant les groupes ethnographiques que

(1) Grammaire comparée des Langues Indo-européennes. Michel Bréal, t. 1, p XVIII.

nous distinguons sous les noms d'Hindous, Perses, Grecs, Latins, Celtes, Germains et Slaves.

Les Aryas ont été assimilés à l'ensemble des peuples que Moïse a personnifiés sous le nom de Japhet, et voici comment M. Renan a apprécié leur rôle dans le développement de l'humanité, de concert avec celui de chacun des deux autres groupes de peuples de l'ethnographie biblique, les Chamites et les Sémites :

« Les Chamites ont été la première race civilisée dans l'Asie occidentale et l'Afrique. Leur civilisation était empreinte d'un caractère matérialiste..... Elle avait une grande aptitude pour les arts manuels et les sciences d'application..... Elle a disparu sous l'effort des Sémites et des Aryas.

« Les races aryenne et sémitique apparaissent en même temps dans l'histoire, la première en Bactriane, la seconde en Arménie, deux mille ans avant l'ère chrétienne. Très inférieures d'abord aux Chamites pour la civilisation extérieure, les travaux matériels et la science d'organisation qui fait les grands empires, elles l'emportent infiniment sur eux pour la vigueur, le courage, le génie poétique et religieux. Les Aryas eux-mêmes l'emportent tout d'abord sur les Sémites par l'esprit politique et militaire, et plus tard par l'intelligence et l'aptitude aux spéculations rationnelles, mais les Sémites conservent longtemps une grande supériorité religieuse et finissent par entraîner presque tous les peuples aryens à leurs idées monothéistes. L'islamisme, sous ce rapport, couronne l'œuvre essentielle des Sémites, qui a été de simplifier l'esprit humain, de bannir le polythéisme et les énormes complications dans lesquelles se perdait la pensée religieuse des Aryas. Une fois cette mission accomplie, la race sémitique déchoit rapidement et laisse la race aryenne marcher seule à la tête des destinées du genre humain » (1).

---

(1) Histoire générale des Langues sémitiques, p 502.

Telle est l'idée générale que l'on s'est faite des Aryas à la suite de la découverte du sanscrit, et que M. Michel Bréal résume en ces termes : « La conformité des idiomes indo-européens a fait connaître comme frères des peuples séparés les uns des autres par la distance, par les mœurs, par la religion, par la diversité de leurs destinées, en même temps que certaines affinités profondes, certaines ressemblances d'aptitude et de génie empêchaient de confondre le groupe indo-européen, considéré dans son ensemble, avec le groupe sémitique, et avec les autres grandes fractions de la famille humaine ».

Quelques travaux isolés ont infirmé en partie ces conclusions. Ainsi, des philologues autorisés ont reconnu que les langues parlées primitivement, depuis l'Arménie jusqu'aux rivages les plus occidentaux de l'Asie-Mineure, se rattachaient au grec, et méritaient de former un rameau de la langue aryenne, en dehors de ceux qu'on avait déjà constatés (1).

D'autre part, des savants ont prétendu qu'en Gaule, par exemple, les populations brunes, à taille moyenne, aux cheveux et aux yeux noirs, y avaient existé de toute antiquité, et que les populations blondes, à taille élevée, aux cheveux blonds et aux yeux bleus, que l'invasion aryenne y avait introduites, avaient toujours été en grande infériorité numérique (2). Mais ces opinions n'ont pas prévalu, et l'idée première qu'on s'était faite des Aryas a continué à faire loi dans la science.

Mon attention s'étant portée par hasard sur des noms géographiques et des noms de peuples, communs à l'Asie occidentale, à l'Europe et à l'Afrique septentrionale, j'ai eu la curiosité d'en rechercher l'origine. Je suis arrivé à constater que l'Afrique septentrionale était saturée de

---

(1) Histoire générale des Langues sémitiques, p 56.

(2) Types gaulois. Roget de Belloguet, p. 186.

vestiges aryens, témoignant qu'elle avait été envahie par les Aryas, comme l'Inde, la Perse et l'Europe, et ensuite j'ai reconnu qu'il existait encore, dans les profondeurs du Sahara, un essaim d'Aryas, l'aristocratie des Touareg, qui a conservé la plupart de ses caractères natifs, et entr'autres, ses antiques institutions sociales.

Je ne me dissimule pas combien il est périlleux d'établir la preuve de faits aussi considérables, d'autant plus que, par eux-mêmes et par leurs conséquences, ils ne laissent pour ainsi dire rien subsister des idées actuellement admises sur les Aryas, en dehors des affinités des langues indo-européennes et de leur souche commune, la langue aryenne. Si je n'hésite pas à l'entreprendre, c'est que les données sur lesquelles je m'appuie sont faciles à contrôler depuis que nous possédons l'Algérie. Si je me suis abusé sur leur signification, elles n'en subsisteront pas moins, et d'autres plus compétents pourront leur rendre leur véritable portée.

II

Les Berbers.

L'Afrique septentrionale était encore peu connue lorsque l'Algérie tomba en notre pouvoir. Nous eûmes tout à apprendre pour organiser et gouverner notre conquête. Mais les pionniers ne firent pas défaut à l'œuvre, et ils recueillirent bientôt les données les plus variées et les plus solides sur l'histoire, les langues, les races et les institutions du pays.

Ces travaux linguistiques ont mis en évidence, au grand étonnement du monde savant, que les Arabes, qu'on s'est habitué à voir partout dans l'Afrique septentrionale, y sont au contraire en infime minorité. L'élément qui prédomine de beaucoup dans la population est le vieux fond aborigène du sol, appelé autrefois *libyen*, et actuellement *berber*.

D'après les chroniques musulmanes, il ne restait plus d'Arabes au-delà du Nil en l'an 972, après une occupation du pays, sous les Kalifes, de trois cent vingt-six ans. Tous avaient fui en Égypte, laissant les Berbers livrés à eux-mêmes. Les quelques tribus arabes qui ont envahi à nouveau l'Afrique au XIᵉ siècle, sont les seules qui y aient fait souche, et leur descendance y est très clairsemée.

La plupart des études entreprises au lendemain de la conquête de l'Algérie ont porté, par suite, particulièrement sur les Berbers, et elles ont pris une importance telle que M. Renan disait, en 1873 : « On ne pouvait soupçonner, il y a trente ans, l'étendue et la solidité qu'on arriverait à donner à cette individualité ethnographique. La race berbère a non seulement un droit de cité dans le monde de l'anthropologie, elle est l'objet d'une science. Autour de cette race du nord de l'Afrique, il s'est formé un ensemble d'études analogues à celles dont le monde sémitique et le monde européen ont fourni la matière » (1).

Parmi les tribus berbères, celles des Touareg, que d'immenses solitudes de sables isolent du monde entier, ont un état social qui remonte à la plus haute antiquité. Ce sont de véritables archives vivantes du plus grand intérêt, et il se trouve que nous possédons sur elles les renseignements les plus sûrs et les plus précis, grâce à deux intrépides explorateurs, M. Barth et M. Henri Duveyrier.

M. Barth a consacré cinq années à l'exploration du pays des Touareg. Esprit cultivé, initié aux mœurs des indigènes de l'Afrique, parlant couramment l'arabe, convaincu

(1) La Société berbère, Revue des Deux-Mondes, 1ᵉʳ septembre 1873, p. 140. — Essai de Grammaire tamachek, général Hanoteau, p. 281.

que les échecs des Européens, qui avaient pénétré avant lui dans le pays des Touareg, tenaient plus à leur ignorance du cœur humain qu'à l'hostilité des indigènes, il se montra si habile qu'il reçut une gracieuse hospitalité et sut se faire des amis, là où d'autres avant lui et après lui furent massacrés. C'est dire toute la confiance et tout l'intérêt qui s'attachent aux documents qu'il a rapportés de son exploration. A lui revient l'honneur de nous avoir révélé cette fière aristocratie du Grand-Désert, qui vit encore de la vie sociale qu'elle menait il y a des milliers d'années, et qui, quoique musulmane, n'a pas laissé entamer ses antiques institutions par l'islamisme. Elle est une mine inépuisable de richesses pour la science.

M. Henri Duveyrier, honoré de l'amitié de M. Barth, eut la noble ambition de compléter son œuvre, en allant étudier sur place les Touareg du Nord, que M. Barth n'avait pas visités. Dès ses premiers pas, il se montra, malgré son jeune âge, à la hauteur de sa tâche ; son exploration eut un plein succès. Malheureusement, il fut tout à coup trahi par sa santé. La quantité de documents qu'il avait déjà amassés, la sagacité qu'il avait apportée à leur choix, font vivement regretter que ses forces n'aient pas été à hauteur de l'énergie de son caractère, de l'élévation de son cœur et de la maturité de son intelligence. Quoiqu'il en soit, ses travaux ont confirmé et complété ceux de M. Barth, et il mérite d'être associé à sa gloire.

C'est à la lecture des relations de ces explorateurs hors pair, et de l'Histoire des Berbers d'Ibn-Khaldoun, écrivain arabe, traduite par un orientaliste des plus distingués, le baron de Slane, véritable bénédictin par la conscience et par le savoir, que j'ai peu à peu acquis la conviction que l'invasion aryenne s'était étendue à l'Afrique septentrionale et que l'aristocratie des Touareg était un essaim d'Aryas. Les témoignages en sont si nombreux et si positifs, du moins à mes yeux, que je ne m'explique pas que personne ne les ait encore soupçonnés jusqu'à présent, pas même les hommes de science, dont les travaux m'en ont fourni la matière.

III

L'aristocratie des Touareg.

1° Son nom de race.

L'aristocratie des Touareg s'appelle elle-même, de son nom de race, *imohar*, *Imohar*, *Imageren*, *Imaziren*, suivant les tribus. Ces dénominations ne diffèrent entr'elles que par des transformations phoniques de la consonne *h* en sons *ch*, *g*, *z*, et l'emploi de deux formes plurielles, l'une en *a*, placée avant l'articulation *r*, l'autre en *n* placée après cette articulation. Elles sont les variantes d'une seule et même dénomination (1).

Le type primitif *imohar* s'analyse en berber de la manière suivante :

i, article pluriel des noms masculins.

m, préfixe intensif.

har, pluriel de *her*.

Le mot *her* est étranger au vocabulaire berber. On le relève dans le vocabulaire arabe, sous la forme *herr*, pluriel *harrar*, avec le sens de race pure, de condition noble, et dans tous les dialectes aryens, avec une signification analogue, seigneur, maître, noble, par exemple, en allemand *herr*, en latin *herus*, en grec *hérós*. Il en résulte que le nom de race de l'aristocratie des Touareg veut dire en langue

(1) Essai de Grammaire de la langue tomachek. Général Hanoteau, p. viii, 20 et 21.

sémitique et aryenne : *les hommes de race pure par excellence, de condition noble*, et, par extension, les *seigneurs*, les *maîtres*, les *nobles*. J'aurai l'occasion de relever d'autres points communs entre les vocabulaires des langues sémitique et aryenne, qui remontent à l'époque où les Aryas vivaient à leur berceau côte à côte avec les Sémites.

Les pluriels *imohar, imochar, imageren, imaziren*, prennent au singulier les formes :

Sing. masc. *amaher, amacher, amager, amazir*.

Sing. fém. *tamahert, tamachert, tamagert, tamazirt*.

Voici les traces qu'on en relève dans l'Asie occidentale, l'Europe et l'Afrique septentrionale :

Imohar. — Cette dénomination apparaît dans les plus anciennes annales de notre histoire sous la forme grécisée *amrha*, dont la structure n'en diffère que par l'inversion toute euphonique des consonnes *h* et *r*. La tradition rapporte que les Gaulois, qui envahirent l'Italie septentrionale vers le XIVᵉ siècle avant notre ère, se plaisaient à employer le nom d'*amrha*, comme cri de guerre. Cette forme grécisée *amrha* est devenue *umbri* et *ambrons* ou *ombres* dans notre langue, pour désigner ces mêmes Gaulois. Or, « Plutarque raconte, à son tour, qu'avant la bataille d'Aix, l'an 102 avant notre ère, les Ambrons répétaient en dansant leur propre nom et que les Ligures italiens de l'armée de Marius, qui s'avançaient contre eux, en entendant ces clameurs, se mirent à le répéter aussi, disant que ce nom qu'ils entendaient était celui de leur race (1). Les Ambrons et les Ligures étaient donc de même race, et si l'on observe que lorsque les auteurs anciens parlent des faits et gestes de peuples guerriers, il n'est question que de leurs aristocraties, on reconnaît que ce nom *amrha*, identique à *imohar*, était celui des aristocraties des Ambrons

---

(1) Compte-rendu d'une séance de l'Académie des Inscriptions et Belles-Lettres. Mars 1877.

et des Ligures, qui étaient de race aryenne. C'est une première preuve que l'aristocratie des Touareg et la race aryenne se désignaient sous le même nom.

Dans le sud de l'Inde, une antique aristocratie, encore souveraine au XVIIIe siècle de notre ère, portait le nom de *Mahrattes*, identique à *imohar*, et l'on sait que cette aristocratie était de race aryenne.

En Asie-Mineure, le fils de Mithridate-le-Grand, roi du Pont, s'appelait *Meharès*, analogue à *amaher*, singulier d'*imohar*. Ce nom rappelait l'illustre origine de sa famille et n'était point un nom personnel. C'est un indice de plus à ajouter à ceux que la science a déjà recueillis, et qui témoignent que l'Asie-Mineure était une terre aryenne.

Dans le Yémen, le nom des Himyar est une forme altérée d'*imohar* par l'inversion des consonnes *m* et *h*. Ce qui le confirme, c'est que leur pays s'appelle *mahra* et leur langue *mahri*. Les Arabes ont toujours considéré les Himyar, qui n'ont embrassé l'islamisme que très tardivement, comme des étrangers, et la science ne s'est pas encore prononcée sur leur origine. Leur nom indique qu'ils étaient de race aryenne; il en est de même des traces du régime des castes, propre aux Aryas, qu'on relève dans leur pays. Une population himyarite porte le nom d'*akhdam*, esclaves (1), qui la montre comme une caste inférieure, et laisse supposer l'existence d'une caste supérieure, à laquelle correspondait précisément le nom d'Himyar. Des chroniques musulmanes rappellent que plusieurs peuples berbers se disaient de même race que les Himyar du Yémen, et que leurs ancêtres, sous la conduite d'Ifrikesch, avaient fait la conquête de l'Afrique (2). Ces traditions se rapportaient non aux Berbers

(1) Histoire générale des Langues sémitiques, p. 319 et 320.

(2) Histoire des Berbers. Ibn-Khaldoun, t. 1, p. 170. Lettre de l'émir Abd-el-Kader au général Daumas.

eux-mêmes, mais aux aristocraties aryennes qui les avaient dominés et qui s'étaient fondues en eux. On sait qu'au moyen-âge la masse de notre population se disait elle-même issue des Franks, dont le caractère de conquérants était déjà effacé à cette époque. Ces traditions, recueillies par les auteurs arabes, étaient, en somme, un vague souvenir de la conquête de l'Afrique par des Himyar, c'est-à-dire des Imohar.

Imochar. — Une inscription découverte à Karnak mentionne une victoire de Ramsès II sur des guerriers libyens « aux cheveux blonds et aux yeux bleus », appelés *Maschouach*, nom qui a été assimilé à *Imochar.* Ces Maschouach réussirent à fonder de petits états dans la vallée du Nil, et même à escalader les marches du trône pharaonique. Leur nom, leurs caractères physiques et leur brillante destinée montrent bien en eux une aristocratie libyenne, sœur de celle des Touareg, qui a aussi pour trait distinctif de race « des cheveux blonds et des yeux bleus ».

Dans l'empire ottoman, le titre de *mouchir*, que portent les plus grands dignitaires, est analogue à *amacher*, singulier d'*imochar*.

Imageren. — Chez les Germains, le plus grand dignitaire près des rois était désigné sous le nom de *mager*, qui est identique à *amager*, singulier d'*imageren*. La même charge existait auprès des rois franks, et nos historiens ont désigné les dignitaires qui en étaient revêtus sous le nom de *maires du palais* Sous la forme *mayeur*, ce même mot *mager*, *maire*, a servi longtemps à désigner les premiers magistrats des villes en certaines parties de la France, puis il s'est généralisé sous celle de *maire*, titre du premier magistrat d'une commune.

Chez les Latins, les grands, les sénateurs étaient les *majores*, forme latinisée d'*imageren*.

Une chronique hongroise rapporte que le premier roi des

Hongrois s'appelait *Mogère*. Ce nom était à coup sûr, un titre qui avait trait à sa noblesse de race, et non point son nom personnel. Une branche des Hongrois, à l'époque de leur invasion en Europe au X° siècle, se désignait sous ce même nom, *mégeri*, qu'on trouve, sous la forme plurielle, *magyar*, appliqué à toute la nation hongroise. C'était là le nom que se donnait, à l'origine, l'aristocratie des Hongrois, que d'autres indices montrent comme étant de race aryenne, tandis que la masse de la population sujette était de race finnoise.

L'historien Ibn-Khaldoun cite sous les noms de *magger*, *maggaren*, des branches des Berbers (1). Mais, si l'on remarque que les Imageren des Touareg repoussent avec mépris le nom de Berbers (2), sous lequel ils rangent exclusivement les aborigènes soumis à leur domination, on peut considérer les Magger ou Maggaren d'Ibn-Khaldoun comme une branche, non des Berbers, mais de leur aristocratie.

Imaziren. — Les chroniques musulmanes prétendent que les Berbers descendent de Mazir. Il faut voir sous ce nom l'ancêtre mythique de leur antique aristocratie, dont les vestiges sont tellement nombreux et vivaces que l'Histoire des Berbers d'Ibn-Khaldoun est bien plus celle de cette aristocratie que celle des aborigènes du sol.

Une tradition musulmane rapporte qu'au temps de l'invasion arabe, six Berbers se rendirent auprès du gouverneur de l'Egypte et lui demandèrent à embrasser l'islamisme. Celui-ci les envoya au kalife de Bagdad, qui, les ayant interrogés sur leur origine, en reçut cette réponse : « Nous sommes des descendants de Mazir » (3), c'est-à-dire des Imaziren, ce qui prouve qu'à cette époque il exis-

---

(1) Ibn-Khaldoun, t. I, p. 174 et 181.

(2) Voyage dans l'Afrique. Barth, t. I, p. 133.

(3) Exploration scientifique de l'Algérie, t. III, p. 21.

tait encore des tribus berbères ayant à leur tête une aristocratie, sœur de celle des Touareg.

Au Maroc, une confédération de tribus berbères porte le
nom d'*Amazir*. Ces tribus étaient composées primitivement, comme le sont encore actuellement les Touareg, de
tribus nobles et de tribus serves, et ce nom d'Amazir devait s'appliquer autrefois aux tribus nobles seules, comme
celui d Imaziren chez les Touareg.

En Algérie, les tribus berbères du massif de l'Aurès
appellent leur langue *tamzira*, forme arabisée de *tamazirt*.
Elles ignorent aujourd'hui que cette appellation provient
d'une aristocratie sous le joug de laquelle elles ont vécu
jusqu'à l'époque de l'invasion musulmane.

L'Egypte a conservé dans son propre nom de *masr*, le
masuri des inscriptions assyriennes, le *misraïm* des Hébreux, qu'on relève également dans les annales juives sous
la forme *mezor*, *mazir*, la trace de sa conquête par une
aristocratie de même nom que l'aristocratie des Touareg.

La chronique d'Alexandrie cite *Mazire* dans la descendance de Japhet, à laquelle a été rattachée la race aryenne.

Diodore de Sicile parle d'un peuple conquérant, qui
avait soumis les Numides, les populations de l'Atlas jusqu'à l'Océan atlantique, et avait étendu sa domination
jusqu'en Asie. Il le désigne sous le nom d'Amazones (1),
qui ne diffère d'Imaziren que par la chûte de la consonne *r*,
écourtement qui se produit fréquemment dans le passage
d'un mot d'une langue dans une autre. On se trouve encore
là évidemment en présence d'un peuple de même nom que
l'aristocratie des Touareg, et de même condition sociale.

Hérodote cite une autre nation en Asie du même nom,
et il fournit en même temps un témoignage qui autorise à
identifier Amazones et Imaziren, en disant que la capitale
de cette nation s'appelait Thermicyre, dénomination com-

---

(1) Les *Premiers habitants de l'Europe*, d'Arbois de Jubainville, p. 45 et 46.

...sée de deux mots, dont le dernier est analogue à *amazir*, singulier d'*imaziren*.

Le baron de Slane fait observer que « le peuple, que les auteurs grecs et latins désignent sous les noms de *mazikes, masices, masax*, habitait la Tingitane jusqu'à la frontière de l'Egypte, et que ces noms sont évidemment les mêmes que ceux de *mazir, amazir* » (1). Ce que l'on sait déjà d'autre part de cette dénomination justifie cette identification, mais il convient d'observer qu'elle s'appliquait à l'Egypte aussi bien qu'au reste de l'Afrique septentrionale, et seulement aux aristocraties qui y dominaient.

Xénophon a mentionné un peuple dominateur, du nom de *mosyriques*, analogue à *amazir*, dans les montagnes de la Chaldée, entre la mer Noire et les sources de l'Euphrate (2). Ce peuple avait donc aussi le même nom et la même condition élevée que l'aristocratie des Touareg.

Ces variantes du nom de race de l'aristocratie des Touareg ne sont pas les seules que des transformations phoniques de la consonne *h* aient produites. On en relève d'autres en dehors des Touareg. Ainsi, la consonne *h* a parfois disparu, et parfois aussi elle s'est transformée en son *k*, donnant lieu aux variantes : *Imar, Imoren, Imokeren*, pluriels dont le singulier masculin est *amer, amoker*, et le singulier féminin *tamert, tamokert*. Voici des traces de l'usage de ces variantes :

Imar, Imoren. — Les Romains désignaient sous les noms de *Mauri, Mauritani*, formes latinisées d'*imoren*, les tribus berbères du nord-ouest de l'Afrique. On relève cette même dénomination sous la forme *Maroc*, dans laquelle le suffixe *k* donne au mot le caractère d'un ethnique. On retrouve ce suffixe dans les noms de peuples : Armoriques en Gaule, Markomans en Germanie, Marses en

(1) Histoire des Berbers. Traducteur, baron de Slane, t. IV, p. 574.

(2) L'Esprit de la Gaule. Jean Reynaud, p. 190.

Italie. Dans ce dernier nom, le son *k* s'est adouci et s'est transformé en son *s*. Le titre de noblesse persan, *Mirza*, dans lequel le son *k* s'est changé en son *z*, appartient à la même variante.

Les Berbers de la grande Kabylie ont l'habitude de pousser le cri de guerre : *tamourt! tamourt!* pour s'exciter au combat. Ils en ignorent aujourd'hui le sens, qui devait répondre à celui de *Amrha! Amrha!* que poussaient les Gaulois cisalpins et les Ligures, et qui a même racine et même sens.

Le singulier *amer* de cette variante entre dans la composition de plusieurs noms de grands personnages des Franks, des Huns, des Goths et des Vandales. Ex. : Merowée; — Clodomir; — Balamir; — Théodemir; — Widemir; — Valamir; — Gélimer; — etc. Ce singulier est aussi usité en arabe, avec le même sens de noblesse, d'élévation sociale, sous la forme *émir*. C'est un nouvel exemple des affinités existantes de très vieille date entre les vocabulaires sémitique et aryen.

Une aristocratie de l'Inde portait le nom de *Mauryas*, ses rois celui de Maurieis, et l'on sait qu'elle était de race aryenne (1).

D'après Hérodote, les *Mares* faisaient partie de l'armée de Xerxès dans son expédition contre la Grèce (2), et d'après les traditions arméniennes, ce nom de Mares était parfois employé pour désigner les Mèdes (3).

Imokeren. — Les Mokrani sont une des grandes familles de l'Algérie. Ce sont sans doute des descendants des *Makour*, cités par Ibn-Khaldoun (4).

---

(1) Mélanges de mythologie et de linguistique. M. Bréal. 60. Revue des Deux-Mondes. 1er mars 1880, p. 70.

(2) Hérodote, VII, p. 79.

(3) M. J. Darmesteter.

(4) Ibn-Khaldoun, t. I, p. 216.

Une singularité à remarquer, c'est que plusieurs dialectes berbères emploient le pluriel *imokeren* au singulier, sous la forme *amokran*, dont le pluriel est *imokranen*. En Kabylie, dans les familles d'une condition élevée, on donne le nom d'*amokran* à l'aîné des enfants mâles. Le pluriel *imokranen* signifie : les grands, les notables de la tribu.

Hérodote cite un peuple d'Asie du nom de *Macrons* (1).

Il existe encore une autre variante du nom de race de l'aristocratie des Touareg, *tamachek*. Le général Hanoteau dit à son sujet : « J'ai adopté pour la langue parlée par les Imochar le nom de *tamachek* qu'ils lui donnent, pensant qu'il valait mieux se conformer à leur usage d'écrire ce mot comme on le prononce, que de chercher, ainsi que je l'avais fait dans un autre ouvrage, à conserver l'orthographe rationnelle en écrivant « *tamachert* » (2). On relève, en dehors des Touareg, quelques traces de l'usage de cette variante : *Mazaka*, prince berber de la grande Kabylie, fils du roi Nubel, qui régnait vers l'an 372 de notre ère (3). — *Mazicla*, nom qui est souvent joint à celui du Dieu des Perses. *Mazaca*, capitale de la Cappadoce, appelée plus tard Césarée, nom qui est la traduction de celui de *Mazaca*. — *Harmozica*, nom d'un fort sur le Kour, mentionné par Strabon.

Ces traces du nom de race de l'aristocratie des Touareg établissent qu'il a existé des aristocraties de même nom dans l'Asie occidentale, l'Europe et l'Afrique septentrionale, et comme parmi elles il y en a qui sont notoirement aryennes, on peut en induire que toutes le sont, c'est-à-dire que le nom de l'aristocratie des Touareg est le nom même de la race aryenne. On comprend, en présence de

---

(1) Hérodote, VII, p. 78.

(2) Essai de grammaire de la langue tamachek. Général Hanoteau, préface, p. VIII.

(3) Les Époques militaires de la grande Kabylie. Berbrugger p. 216.

ses variantes, qu'il ait échappé à l'histoire, et que celles-ci aient été prises pour des ethniques étrangers les uns aux autres. Lorsque la science a dû donner un nom au peuple dont la langue avait été reconnue pour être la souche du sanscrit, du zend, du grec, du latin, du celtique, du germain et du slave, elle l'avait désigné sous celui d'*indo-germanique*, *indo-européen*. C'est M. Pictet, l'éminent philologue genevois, qui, le premier, l'a appelé *Arya*, en s'appuyant sur ce que deux de ses rameaux les plus rapprochés de son berceau, la Bactriane, se donnaient eux-mêmes ce nom, et sur ce qu'un autre de ses rameaux, le plus éloigné du foyer commun, les Gaëls d'Irlande, s'appelait dans sa langue nationale *Eri*. Ces deux dénominations, Arya et Eri, sont bien, en effet, les variantes grammaticales d'un même nom, et elles servaient bien à désigner des rameaux aryens, mais non la race entière. Toutefois, j'emploierai dans cette étude le nom d'Arya, qui a été consacré par l'usage.

2° *Ses caractères physiques.*

D'après M. Barth, l'aristocratie des Touareg se distingue, à première vue, par son apparence extérieure, de la masse de la population aborigène soumise à sa domination. Tandis que celle-ci est presque noire, elle se fait remarquer, quand elle n'est point d'un sang mélangé, par une haute stature, des traits réguliers et un teint délicat. Cet explorateur a tracé ces portraits de plusieurs nobles avec lesquels il s'était lié d'amitié : Kneha, chef des Hekiken, était d'une force athlétique, à la taille haute et imposante, à la physionomie belle et pleine d'expression; — Aouab, chef des Tademekket, avait l'aspect martial et une attitude fière; — Ouardhougou était remarquable par sa prestance; — le chef des Ikaskesan avait un air chevaleresque, sans être haut de taille, et ses traits expressif le et réguliers trahissaient, ainsi que la couleur légère de son teint, la noblesse de sa naissance (1).

M. H. Duveyrier a complété ces renseignements de M. Barth. « En général, dit-il, en parlant de l'aristocratie, les Touareg sont de haute taille, quelques-uns mêmes sont de vrais géants. Tous sont maigres, secs, nerveux, leurs muscles semblent des ressorts d'acier. Leur peau est blanche dans l'enfance, mais le soleil ne tarde pas à lui donner la teinte bronzée, spéciale aux habitants des tropiques. Ils ont la face allongée, le front large, le nez petit, les lèvres fines, les dents blanches et belles, les yeux et les cheveux noirs; parfois les yeux sont bleus, mais cette nuance se rencontre peu fréquemment. » M. Henri Duveyrier a été frappé de la haute stature du chef des Imanghasaten, Eg-ech-Chikh, et il rapporte qu'un ancien chef des Imanan avait laissé dans le pays la réputation d'un vrai géant.

Le général Daumas, qui a écrit sur le Grand-Désert des pages pleines de couleur locale, laisse croire, au contraire, que les cheveux blonds et les yeux bleus sont plus fréquents dans la noblesse des Touareg que ne l'a constaté M. Henri Duveyrier. « Le chef des Ahoggar, dit-il, est un homme très grand, maigre et fort, dont les yeux bleus, à demi-cachés par un voile noir, brillaient comme des étoiles dans la nuit, et Fatoum, de la même famille noble, est une femme grande et belle, distinguée par ses yeux bleus, beauté de race chez les Touareg. »

Les caractères physiques de l'aristocratie des Touareg se résument, en somme, quand ils sont dans toute leur pureté, en une haute stature, une peau blanche, une figure allongée, des traits réguliers, des cheveux blonds, des yeux bleus et un grand air de distinction; elle justifie encore de

(1) Voyage en Afrique. Barth, t. I, p. 235, 303, 331; t. III, p. 308, 313; t. IV, p. 141.

nos jours son nom de race : *Imohar, les hommes de race pure par excellence.*

Une particularité à remarquer, c'est que cette aristocratie présente une grande infériorité numérique vis-à-vis de la population aborigène. « Les Hoggar (une des quatre confédérations des Touareg) ne comptent guère, dit M. Barth, plus de cinq cents hommes capables de porter les armes, tandis que leurs serfs forment un nombre d'individus de beaucoup supérieur.... Les Asgar (autre confédération), malgré la grande étendue de leur pays, ne possèdent pas plus de combattants, attendu qu'ils ne composent qu'une minime portion de la population, tandis que leurs serfs sont à même de mettre en campagne cinq mille hommes armés. » Elle est pour ainsi dire noyée au milieu de la population aborigène.

Le général Hanoteau a constaté aussi cette infériorité numérique. « Comme partout, dit-il, les opprimés sont en nombre bien supérieur à celui de leurs maîtres. On ne peut expliquer leur patience à supporter le joug que par la force de l'habitude et l'état de dégradation morale où les a fait tomber un avilissement qui dure depuis des siècles (1).

L'existence du type blond à taille élevée a été constatée depuis longtemps dans l'Afrique septentrionale. Le médecin Shaw écrivait dans la première moitié du siècle dernier : « Les indigènes des montagnes de l'Aurès, quoique mahométans et parlant la même langue, ont un air et une physionomie différents de leurs voisins. Leur teint, au lieu d'être basané, est blanc et rouge, et leurs cheveux sont d'un blond foncé et doré, au lieu que ceux des autres Kabyles sont noirs (2). »

Le docteur Guyon fait observer de son côté « que les

---

(1) Essai de grammaire tamachek. Général Hanoteau. Préface, p. xiv.

(2) Types gaulois, Roget de Belloguet, p. 27.

hommes blonds de l'Aurès ne forment pas des tribus distinctes, mais qu'ils sont disséminés dans la population,
tantôt rares, tantôt en grand nombre, comme dans la petite ville de Menna, près de Khanga, et surtout chez les
Mouchaïas, dont la langue paraît avoir conservé quelques
mots tudesques (1).

On le rencontre un peu partout dans l'Afrique septentrionale, dans le même état d'isolement au milieu des
tribus et dans toutes les conditions sociales. Cependant,
les Mokrani, que nous avons connus, étaient des hommes
aux cheveux blonds et aux yeux bleus, et constituaient une
des plus puissantes aristocraties de l'Algérie; ils s'identi-
fiaient donc à la fois par leur nom, leurs caractères physiques et leur position sociale, à l'aristocratie des Touareg.

Des savants prétendent avoir reconnu le type blond sur
les sarcophages de plusieurs pharaons.

Son existence dans l'Afrique septentrionale a été expli-
quée tout d'abord en voyant en lui des débris de merce-
naires Gaulois et de Vandales. Mais depuis qu'on a trouvé
à Karnak une inscription égyptienne du XIVe siècle avant
notre ère, mentionnant des guerriers libyens « aux cheveux
blonds et aux yeux bleus, » on a dû renoncer à cette explication et on a supposé alors qu'il avait été introduit en Afrique
par une invasion de peuples européens, qui se seraient li-
gués avec les Libyens contre l'Egypte. Cette supposition
n'est pas plus fondée que la première. Les Libyens « aux
cheveux blonds et aux yeux bleus » de l'inscription égyptienne se donnaient le nom de Maschouach, forme altérée
d'Imochar, qui en fait une aristocratie sœur de celle des
Touareg. Comme le servage a existé de temps immémorial
dans toute l'Afrique septentrionale, tel qu'il s'est maintenu
chez les Touareg, et n'a pris fin qu'avec l'invasion musulmane, on est amené à reconnaître que les traces du type

---

(1) Types gaulois. Roget de Belloguet, p. 28.

blond qu'on y relève sont celles d'aristocraties sœurs de l'aristocratie des Touareg, et qui ne formaient, comme elle, qu'une minime portion de la population. Il est ainsi acquis que, de toute antiquité, il y a eu dans l'Afrique septentrionale deux races; — l'une, aborigène, à tête ronde, à taille moyenne, aux yeux et aux cheveux noirs, formant la masse de la population; — l'autre, du type blond, à taille élevée, venue du dehors en conquérante et peu nombreuse.

En Europe, tous les témoignages de l'antiquité assignent à la race aryenne des caractères physiques semblables à ceux du type blond de l'Afrique. Les auteurs anciens en parlent si fréquemment, à l'exclusion de tout autre type, qu'on avait pensé tout d'abord que la population entière de l'Europe avait été primitivement blonde. Cette opinion concordait avec l'idée qu'elle avait été repeuplée par des migrations aryennes.

D'après Tite-Live, les Gaulois, qui ont assiégé et pris Rome, l'an 389 avant notre ère, étaient des hommes aux grands corps, dont les proportions avaient terrifié les Clusiens et les Romains. Appien rapporte plus simplement que les Gaulois de Brennus étaient tous d'une haute stature. Florus dit qu'ils étaient des colosses si effrayants qu'ils semblaient créés pour l'extermination du genre humain. Diodore les représente comme des hommes d'une stature élevée, les cheveux naturellement dorés, couleur qu'ils renforçaient encore en les lavant avec une lessive de chaux. « Presque tous, raconte Ammien Marcellin, sont d'une taille élevée; ils ont la peau blanche, les cheveux rouges, le regard farouche, l'air terrible. Leur voix, dans le repos comme dans la colère, est également formidable et menaçante. Leur vigueur est telle qu'un Gaulois et sa femme peuvent tenir tête à plusieurs hommes d'un autre pays, et quand ils combattent, le cou gonflé par la fureur, leurs pieds et leurs mains lancent des coups comme ceux d'une catapulte. » César rapporte que les Gaulois, à cause de leur haute stature, méprisaient la petite taille des Romains.

Suivant Strabon, les Belges avaient un *extérieur Gaulois*, et des Bretons qu'il avait vus à Rome avaient une stature qui dépassait d'un demi-pied les plus grands qui fussent dans cette ville.

Tacite fait un portrait semblable des Germains, aux corps effrayants à la vue, aux chevelures rouges; — des Chérusques, à la haute stature; — des Calédoniens, dont la grande taille et les cheveux d'un rouge ardent lui paraissaient déceler une filiation germanique.

Le poète Claudien déclare que tous les peuples barbares sont blonds : « blonds sont les Sicambres, dit-il, blonds les Suèves, blonds les Goths, blonds tous les rois barbares. »

Les auteurs anciens témoignent ainsi de l'existence, parmi les peuples de l'Europe, en dehors de la Grèce et de l'Italie, d'une population blonde, dont les caractères physiques présentaient une grande unité et une similitude complète avec ceux de la race blonde d'Afrique, et si leurs récits ont laissé croire que la population entière de ces peuples était blonde, la faute en est aux historiens modernes, qui ont mal interprété les dénominations de Gaulois, Germains, Bretons, etc. Ces dénominations ne désignaient que les aristocraties gauloise, germaine, bretonne, de même que celle des Franks ne s'est appliquée longtemps qu'à l'aristocratie conquérante de la Gaule. La dualité sociale était le trait saillant des peuples subjugués par les Aryas; ils comprenaient, en réalité, deux mondes essentiellement distincts, — l'un, le type blond, composant l'aristocratie, résumant en lui toute la vie sociale; — l'autre, le type brun, formant la population aborigène. Aussi est-ce avec raison que M. Gaston Boissier a fait observer « que les historiens païens ne s'occupaient guère que des hautes classes de la société (1) », et M. Roget de Belloguet « que tout ce que les auteurs grecs et latins nous apprennent sur les Gaulois ne concerne évidemment, à peu d'exception près, que les nobles dans lesquels on croirait que, sauf les Druides, ils ont vu tout le monde gaulois (2) ».

Du reste, les historiens modernes admettent tous aujourd'hui qu'il y eut de tout temps, en Europe, des populations blondes et des populations brunes. « En présence, dit Henri Martin, des populations brunes, dont la couleur prédomine dans les peuples celtiques, la vieille donnée de la race gauloise purement blonde n'est vraiment plus susceptible de défense. » Cette remarque s'applique à tous les peuples de l'Europe barbare. Tous étaient composés de populations blondes et de populations brunes.

Il en était de même primitivement des peuples de la Grèce et de l'Italie. Au moment où s'ouvrent leurs temps historiques, leurs populations blondes avaient déjà disparu en grande partie de leur sol, mais sans être tombées complètement dans l'oubli. Les historiens et les poètes de la Grèce avaient l'habitude de représenter les demi-dieux de l'âge héroïque avec des chevelures blondes, comme marque de leur noblesse, et les dames patriciennes de Rome, au temps d'Ovide, demandaient à la Germanie des chevelures blondes, sous lesquelles elles dissimulaient les chevelures brunes que la nature leur avait données, et qui passaient pour le signe d'une basse extraction.

Virgile, toujours soucieux de rappeler dans ses poèmes les souvenirs populaires du Latium, a tracé le portrait du type blond, en disant de Turnus, le roi des Rutules : « Au premier rang, le plus remarquable par sa beauté, Turnus, marche le fer à la main, et de toute la tête domine les chefs. »

---

(1) Revue des Deux-Mondes, 15 juillet 1863, p. 512.
(2) Ethnologie gauloise.

Non seulement il y avait en Europe, de temps immémorial, des populations blondes et des populations brunes, mais les premières étaient en grande minorité. M. Roget de Belloguet l'établit péremptoirement en parlant des Gaulois : « Deux faits, dit-il, sont acquis : l'existence simultanée de deux types et leur fusion complète. Cette fusion s'est faite par l'absorption toujours croissante du type blond, à taille élevée, c'est-à-dire par la victoire de la race la plus faible sur celle qui était la plus belle et la plus forte. Les figures longues ou les Gaulois classiques étaient donc en grande minorité dans les Gaules ; ce ne sont pas eux, mais une ou plusieurs races antérieures subjuguées par ces derniers venus, que représente au fond la masse de notre population (1). »

Hérodote nous fournit aussi, à son insu, la preuve qu'il en était ainsi des Scythes. « Je n'ai jamais pu savoir exactement, dit-il, le nombre des Scythes ; j'ai entendu à ce sujet des rapports très divers ; selon les uns, le nombre en est considérable ; selon d'autres, il est fort petit pour un peuple comme les Scythes (2) ». Si l'on remarque que le même historien rapporte, d'autre part, que les Scythes se partageaient en Scythes royaux et en Scythes esclaves, n'est-il pas problable que ceux qui lui disaient que le nombre des Scythes était fort petit n'avaient en vue que les Scythes royaux, c'est-à-dire l'aristocratie de la nation.

Le type blond, à taille élevée, est resté longtemps prédominant dans les aristocraties des peuples européens, en dehors de la Grèce et de l'Italie. Ce n'est guère que dans le cours du moyen-âge que sa fusion avec le type brun, à taille moyenne, a été à peu près complète. Il est très rare aujourd'hui, même parmi les plus vieilles familles souveraines.

---

(1) Types gaulois. Ethnologie gauloise, page 186.

(2) Hérodote, IV, 81.

En Asie, on constate également l'antique existence du type blond, à taille élevée, à l'état d'aristocratie. Les Aryas de l'Inde adressaient à Dieu cette prière : « Dieu sage et prudent..., fais le bonheur et la fortune de tes serviteurs, en nous donnant la *beauté du corps* (1) ». C'est que la beauté et la pureté de leur type étaient, à leurs yeux, le signe manifeste qu'ils avaient été prédestinés à la domination de la terre; c'était leur titre de noblesse.

L'antiquité consacre, au berceau même des Aryas, la pureté de race des Bactriens, la noblesse de leur origine et la grandeur de leur rôle.

« Des Tadjiks de l'Iran actuel et de l'Afghanistan ont conservé, sous l'oppression de quatre conquêtes successives, les beaux traits et les formes plastiques des anciens Perses. Leurs frères de l'Indoustan, les Guèbres, se transmettent dans leur exil un sang plus pur, et les surpassent encore au milieu des populations, où se perd leur petit nombre, en stature et en beauté héréditaires. »

Dans les hautes montagnes de l'Indou-Khô, une peuplade, connue sous le nom de Siapoch, est remarquable par sa haute taille, la grande blancheur de sa peau, ses yeux bleus.

Enfin, « les Yarkandais de haute taille, au visage allongé, au nez remarquablement dessiné, à la barbe épaisse, seraient purement et simplement des Aryas. »

Le type blond asiatique, à taille élevée, était également en grande minorité parmi les aborigènes. Il y était si rare que M. d'Omalius d'Halloy s'est cru autorisé à dire que « les populations blondes en Asie sont d'autant moins nombreuses qu'on connaît mieux les asiatiques, et qu'elles se réduisent à quelques peuplades. » En réalité, il y en a un peu partout, disséminées par familles, ou par petits groupes, comme des débris d'antiques aristocraties.

_____

(1) *Le Rig-Véda. Revue des Deux-Mondes*, 15 juillet 1854, p. 266. Théodore Pavie.

Les caractères physiques de l'aristocratie des Touareg sont donc ceux de la race aryenne, et de même qu'elle est en grande infériorité numérique parmi les aborigènes, celle-ci l'était aussi partout où elle a dominé, en Asie, en Europe et en Afrique. L'étendue de son invasion le corrobore surabondamment. Il était déjà invraisemblable que les Aryas aient pu repeupler l'Inde, la Perse et l'Europe. Une pareille supposition tombe d'elle-même quand il s'agit de la presque totalité de l'Asie occidentale, de l'Europe et de l'Afrique septentrionale. Dès lors, on reconnaît qu'ils ont envahi le monde entier, non en émigrants, mais en conquérants. Leur domination universelle en revêt un caractère plus grandiose, tout en devenant plus vraisemblable, puisqu'un autre petit peuple l'a renouvelée, le peuple romain.

3° Son costume.

Les Berbers s'habillent actuellement, depuis l'invasion musulmane, comme les Arabes, excepté les Touareg, qui ont conservé leur antique costume national. Voici la description que M. Barth fait de celui de nobles qu'il a vus à Agadès, à l'occasion de l'installation d'un nouveau chef. « Tous avaient revêtu, pour la circonstance, leurs plus riches habits, et leur ensemble, digne de figurer dans un tableau, rappelait les cortèges chevaleresques du moyen-âge. Le bonnet rouge et de forme élevée des Touareg était tout entouré de glands et de petites pochettes de soie renfermant des amulettes ; le noir *tessil ghemist*, ou voile, l'enveloppait et couvrait le visage, de manière à ne laisser voir que les yeux ; au-dessus de ce voile était encore tourné d'une manière fantastique un châle égyptien, *aliafou*, rayé de rouge et de blanc ; cet assemblage singulier donnait à la coiffure des Touareg l'aspect d'un heaume lourd et massif. En outre, leur vêtement bleu foncé, presque noir lorsqu'il est neuf, brillait de loin comme du métal, et rappelait la pesante armure des anciens chevaliers. En de pareilles journées de fête, le Targi aime à se parer, lorsqu'il le peut, du *tekakhat taïlelt* (littéralement « *robe de pintade* ») de soie et de coton, moucheté de blanc et de noir ; au-dessus de cette ample tunique, il jette en plis majestueux son burnous rouge ardent, en ayant bien soin de mettre en évidence les passementeries de soie bariolée qui en ornent les coins » (1).

Dans ce costume, plusieurs parties sont d'un usage local, le voile et le burnous, tandis que le bonnet haut et pointu, la robe de dessins variés et de couleurs voyantes, ouverte sur le devant en forme de longue tunique, auxquels il convient d'ajouter le pantalon tombant sur le cou-de-pied, en sont les parties vraiment nationales, qu'on retrouve dans le *costume médique*, qui était celui de la race aryenne.

Suivant Hérodote, les Mèdes avaient pour coiffure une sorte de bonnet de feutre appelé *tiare*, et pour vêtements un justaucorps et des hauts-de-chausses (2), et la noblesse portait en outre *la robe médique*, signe de sa condition sociale. Hérodote ajoute que les Bactriens, les Perses, les Scythes, les Sigynes faisaient usage du costume médique (3). On peut dire que c'était là le costume de tous les peuples de l'Asie occidentale, à part les Sémites, et des peuples de l'Europe, à part les Grecs et les Romains. Hippocrate cite les pantalons que portaient les Scythes, et il trouvait à ce vêtement, au point de vue de l'hygiène, des inconvénients aussi graves qu'étranges (4).

La saye et la braie gauloises correspondaient exactement à la blouse et au pantalon des Touareg, et des anti-

---

(1) Voyage en Afrique. Barth, t. I, p. 236 ; t. II, p. 87.

(2) Hérodote, VII, 61, 62.

(3) Hérodote, V, 9, 49 ; VII, 61, 62, 64, 116.

(4) Les Premiers habitants de l'Europe. D'Arbois de Jubainville, p. 142.

quaires ont reconnu des bonnets sur les têtes de plusieurs personnages gaulois, des fameuses pierres de Notre-Dame de Paris, qu'ils jugeaient semblables à ceux des Parthes, des Daces et de quelques peuples germains.

Chez les Touareg, l'aristocratie a seule le privilége de faire usage d'étoffes fines, aux couleurs éclatantes, ornées de broderies, comme seule elle peut porter la lance et l'épée. Les aborigènes, tenus en servage, doivent se vêtir d'étoffes grossières, aux couleurs sombres, comme marque de leur condition sociale. Il en était de même de l'aristocratie aryenne; ainsi, Diodore dit des Gaulois, et ici encore il ne faut pas oublier que les récits des auteurs grecs et latins n'avaient en vue que l'aristocratie, « qu'ils portent des tuniques teintes de toutes sortes de couleurs comme des fleurs, avec des pantalons qu'ils nomment *brakai*, et qu'ils agrafent sur cette tunique leur *sagoi*, dont l'étoffe est rayée de manière à former de nombreux carreaux à nuances également rayées comme les fleurs (1) ». La seule différence avec l'aristocratie des Touareg, c'est que celle-ci délaisse souvent le *sagum* et le remplace par le burnous arabe; ce sont les femmes qui font usage du *sagum* gaulois, appelé en berber *saga*.

Hérodote rapporte que chez les Massagètes, et il ne pouvait être également question là que de leur aristocratie, « les pièces métalliques de leurs casques, de leurs tiares, de leurs bretelles et de leurs ceintures étaient en or, ainsi que le métal des brides, des mors, des harnais (2). Chez les peuples aryens, comme chez les Touareg, le luxe était un privilége de la noblesse, et leurs aristocraties avaient le même costume national.

---

(1) Ethnologie gauloise. Roget de Belloguet, p. 72.

(2) Hérodote, I, 215.

4° Son état social.

Le régime des castes est la loi sociale des Touareg ; la population est divisée en tribus nobles *ihaggaren*, et en tribus serves, *imrhad*.

Les tribus nobles ont seules le droit de posséder la terre, de porter la lance et l'épée, et de délibérer sur les affaires publiques. Elles sont *nomades* par privilège de race, non au sens que nous attachons à ce mot, mais en ce qu'elles habitent sous la tente, et qu'elles campent, suivant les saisons, tantôt sur un point, tantôt sur un autre, sans sortir de leur territoire et sans s'éloigner des établissements fixes des tribus serves, dont elles tirent en grande partie leur subsistance.

Elles sont ou militaires ou religieuses. Les premières ont la charge de veiller à la défense commune et d'être toujours prêtes à prendre les armes. Comme elles sont numériquement très faibles, elles s'entourent de *clients, sahhb*, qu'elles recrutent parmi les serfs. Chaque famille noble a les siens. Ils restent privés de tous droits, mais leur considération et leur bien-être se ressentent naturellement de la vie de dangers qu'ils partagent avec leurs maîtres. Les tribus religieuses sont des tribus nobles qui ont abdiqué tout rôle politique pour mener une vie plus paisible et plus conforme à la loi de Dieu. Leur autorité morale est souvent très grande. Elles servent de point d'amarre dans cette société, où la justice n'est représentée par aucun pouvoir, et où la loi de la force est souvent la seule invoquée. Elles interviennent comme arbitres dans les querelles des tribus nobles, et il n'est pas rare qu'elles réussissent à faire entendre le langage de la saine raison, mais elles n'ont d'autre pouvoir que celui qui s'attache à l'estime publique dont elles ont su s'entourer. Elles contribuent aussi au maintien de l'orthodoxie musulmane, d'autant plus que les Touareg, fidèles à leurs vieilles coutumes, n'observent que très imparfaitement les prescriptions du Koran.

Les tribus serves sont sous la dépendance complète des tribus nobles, auxquelles elles appartiennent en toute propriété. Elles sont sédentaires par obligation, comme marque de leur déchéance sociale, et elles habitent des huttes, au toit conique, faites de terre et de branchages. M. Henri Duveyrier s'exprime ainsi sur leur condition : « Dans la pratique ordinaire, le droit du maître restant absolu sur les biens du serf, le maître aime que le serf soit riche en argent, en troupeaux, en esclaves, en mobilier, et il lui laisse toute liberté pour arriver à la fortune, parce qu'il sait devoir trouver là, en cas de besoin, des ressources qui ne lui seront pas refusées, mais dont il n'usera qu'avec discrétion, pour ne pas décourager le serf, pour ne pas tuer la poule aux œufs d'or (1). »

« Les redevances ordinaires des *Imrhad* envers leurs maîtres consistent à leur donner annuellement un chameau, une *botta* ou pot de beurre, à leur réserver le lait de dix brebis ou chèvres, et à garder leurs troupeaux (2). »

« Le serf se transmet par héritage ou donation, mais ne se vend pas, condition qui le distingue de l'esclave (3). »

« L'*amrhid*, quels que soient son intelligence, son instruction, son courage, sa force, sa richesse, ne peut s'affranchir du servage. Il ne peut ni se racheter, ni fuir, car son maître a sur lui un droit imprescriptible (4). »

En dehors des tribus nobles et des tribus serves, il existe, chez les Touareg une classe d'hommes dont l'origine tient à des circonstances locales. Le pays, quelque immense qu'il soit, ne peut suffire à nourrir sa population cependant

(1) Les Touareg du Nord. Henri Duveyrier, p. 134.
(2) Les Touareg du Nord. Henri Duveyrier, p. 135.
(3) Les Touareg du Nord. Henri Duveyrier, p. 336.
(4) Les Touareg du Nord. Henri Duveyrier, p. 337.

très clairsemée. L'aristocratie a dû, pour augmenter ses ressources, se faire l'intermédiaire du commerce d'échange entre le Nord de l'Afrique et le Soudan. Mais, comme elle ne pouvait, sans déroger, prendre une part directe à ce commerce, elle a concilié ses préjugés de caste avec ses intérêts matériels, en favorisant l'établissement de colonies de commerçants et en se réservant le privilège de louer à ces commerçants les chameaux, les chameliers et les escortes dont ils avaient besoin. Les oasis de Mourzouk, Ghadamès, Inçalah, Agadès, etc., sont des comptoirs créés dans ces conditions. Ainsi, sur la route de Tripoli au Soudan, suivie par M. Barth, le commerce est entre les mains des habitants de Mourzouk et le monopole des moyens de transports et des escortes appartient à la tribu noble des Tinylkoum. Les serfs des nobles servent de chameliers, mais ce sont les nobles eux-mêmes qui protègent les caravanes. Cette aristocratie, qui aimerait mieux mourir de faim plutôt que de se livrer elle-même à un commerce quelconque, mène ainsi une vie des plus actives, ce qui a fait dire à M. Henri Duveyrier que « l'immensité du désert dévore la vie de la noblesse des Touareg. »

Tel est l'état social que cette aristocratie a fondé dans le Grand-Désert. L'esprit de caste en est l'âme, et la dualité sociale le trait saillant. D'un côté tout est privilège, il n'y a que des droits à exercer; de l'autre tout est sujétion, il n'y a que des devoirs à remplir. Les tribus nobles et les tribus serves vivent sur le même sol, à part les unes des autres, comme deux mondes distincts, où tout tend à développer, chez les nobles, l'orgueil, le mépris de l'humanité, et chez les serfs, l'humilité, l'obéissance, la passivité sous toutes ses formes.

Tout autre est le régime qui règle les rapports des tribus nobles entre elles. Autant celui de noble à serf est aristocratique, autant celui de noble à noble est démocratique. Chaque tribu noble est indépendante, souveraine sur ses domaines; aucune ne peut s'élever au-dessus des autres. La plus faible a les mêmes droits que la plus puissante. Tout différend entr'elles est réglé par les armes, si la caste religieuse est impuissante à faire accepter son arbitrage.

On conçoit facilement qu'un tel régime doive engendrer souvent l'anarchie. Les tribus nobles confédérées consentent alors à se donner un roi pour faire taire leurs rivalités, mais avec la secrète pensée de le tenir sous leur tutelle, et de le renverser s'il s'abandonne à l'ambition d'exercer un pouvoir personnel. L'établissement de la royauté est considéré par les tribus nobles comme une abdication momentanée d'une partie de leur indépendance, mais non comme une institution normale, de tradition nationale. C'est ainsi que chacune des quatre confédérations a un roi à sa tête, un *amenoukal*, dont le pouvoir est plus nominal qu'effectif, ce qui fait ressembler le régime social des Touareg au régime féodal du moyen-âge, à part sa hiérarchie.

L'égalité entre les nobles s'étend à la femme. La femme est l'égale de l'homme. Dans la communauté conjugale, elle gère elle-même sa fortune. Son influence chez les Touareg est telle que « bien que la loi musulmane permette la polygamie, dit M. Henri Duveyrier, elle a pu imposer à l'homme de rester monogame, et cette obligation est respectée sans aucune exception (1). »

Quelque oppressive que soit la domination de l'aristocratie des Touareg, la soumission des serfs paraît aujourd'hui complète, mais il n'en a pas toujours été ainsi. M. Barth a constaté que l'aristocratie avait été souvent en butte à des révoltes de la part des serfs. La tradition a conservé le souvenir de la destruction des puissantes tribus nobles des Igelad et des Imediderren par des tribus

(1) Les Touareg du Nord. H. Duveyrier, p. 340.

serves, et de notre temps il existe des tribus serves qui ont réussi à s'affranchir en partie de leur servage, et qui se sont élevées au rang de tributaires, c'est-à-dire qu'elles ont recouvré leur liberté sous condition. D'autre part, M. Henri Duveyrier cite les tribus nobles des Imanan, qui sont complétement déchues de leur grandeur passée, et ne comptent plus que dix familles. De son côté, M. Barth rapporte que les tribus nobles des Ihadhanaren sont même tombées dans une si grande misère qu'elles n'ont plus ni serfs, ni coutumes. Leur noblesse s'opposant à ce qu'elles travaillent pour vivre, elles en sont venues à demander au brigandage leurs moyens d'existence.

Ce régime social a été commun aux peuples de l'Afrique septentrionale, de l'Europe et de l'Asie occidentale, sauf les Sémites, et se trouve ainsi celui-là même que la race aryenne a fondé.

Les chroniques musulmanes laissent apercevoir que la population berbère comprenait, avant l'invasion arabe, une haute et basse classe, la première *nomade* et la seconde *sédentaire*. Ainsi l'historien Ibn-Khaldoun rapporte que « lors de la conquête musulmane, toutes les tribus portant le nom générique de Hoouara (dont la racine *her* est celle du nom de la race aryenne), habitaient la province de Tripoli, et que les uns vivaient en nomades, tandis que d'autres possédaient des *demeures fixes* (1). »

D'après le même historien, un Kalife avait ordonné au gouverneur d'Afrique de cesser momentanément de faire des prosélytes dans la *basse classe* (2). C'était apparemment par condescendance pour les tribus nobles, dont les Arabes recherchaient l'appui, et qui se trouvaient dépouillées de leurs serfs par la conversion en masse de la popu-

---

(1) Ibn-Khaldoun. Histoire des Berbers, t. I, p. 280.

(2) Ibn-Khaldoun, t. I, p. 523.

lation à l'islamisme, qui prohibait l'inféodation de l'homme à l'homme, c'est-à-dire le servage, tout en tolérant l'esclavage.

Ibn-Khaldoun raconte encore que, de son temps, au XIVe siècle de notre ère, il y avait dans la population indigène de l'Afrique une *haute classe* qui était *nomade*, et une *basse classe* qui était *sédentaire*. « La haute classe chez les Berbers, dit-il, celle qui possédait la puissance, vivait en nomade, toujours guerroyant, et la basse classe était sédentaire, adonnée à la culture des champs. » C'était exactement la dualité sociale actuelle des Touareg. Elle avait sans doute persisté dans les mœurs, après avoir été abolie en principe par l'islamisme, ou bien encore elle avait continué à se maintenir intacte jusque-là, dans des contrées montagneuses du Maroc.

L'émancipation des tribus serves du nord de l'Afrique par l'islamisme, a eu pour effet de les placer sous le même régime démocratique que les tribus nobles. Dans la Grande Kabylie, par exemple, chaque tribu forme une petite république indépendante. Elle est administrée par un conseil qui n'est investi d'aucune autorité et qui n'est que l'agent exécutif de l'assemblée populaire, sans autre appui, pour se faire obéir, que l'influence personnelle de ses membres et la puissance des mœurs. L'assemblée populaire comprend tous les hommes en état de porter les armes. Elle seule connaît des crimes et des délits et rend des arrêts suivant la coutume. Lorsqu'elle prend une décision dans une affaire qui soulève de violentes discussions, elle a recours à un singulier moyen pour établir que sa décision est conforme au vœu populaire. Elle fait planter en terre, sur le lieu de l'assemblée, plusieurs grosses pierres, *tilissa*, et si l'érection des monuments, *tilist*, se fait sans opposition, sa décision est irrévocable.

Ce régime démocratique fonctionne régulièrement dans

les tribus où il y a des hommes sages, influents et réputés par leur esprit de justice. Mais il n'est pas rare de le voir sans action et dégénérer en despotisme.

Les véritables garanties des personnes ne résident vraiment que dans deux institutions, l'*anaïa* et le *sof*.

L'*anaïa* est l'acte par lequel un homme couvre un autre homme de sa protection, lorsqu'il est en butte à des *vendetta*, et son efficacité tient à ce que le Kabyle se fait un point d'honneur de sacrifier sa vie et ses biens plutôt que de laisser violer son anaïa. « On ne peut refuser à l'institution de l'anaïa, disent le général Hanoteau et M. Letourneux, un caractère de véritable grandeur. C'est une forme originale de l'assistance mutuelle poussée jusqu'à l'abnégation de soi-même, et les actes héroïques qu'elle inspire font le plus grand honneur au peuple kabyle. Malheureusement, la nécessité de ces dévouements est l'indice d'un état social peu avancé, où l'individu est obligé de se substituer à la loi pour protéger les personnes. »

Le *sof* est une association d'individus pour la défense de leurs intérêts politiques et privés. Cette institution sert de contre-poids au pouvoir souverain des assemblées populaires. Le Kabyle, arrivé à l'âge adulte, choisit son *sof*, et c'est à son sof qu'il en appelle, s'il se trouve lésé dans ses droits. Le sof constitue une force sociale considérable, et « beaucoup de chefs de sof, fait observer avec raison M. Renan, font preuve d'une rare souplesse d'esprit et d'une vraie connaissance du cœur humain. » Les *sofs* de la Kabylie ressemblent en tous points aux *factions* de la Gaule dont parle César.

M. Renan estime que le régime démocratique de la Kabylie a existé de toute antiquité (1). Cette opinion est contredite par les traces de la dualité sociale qu'on y relève

(1) Revue des Deux-Mondes. 1er septembre 1873, p. 155. La Société berbère. E. Renan.

dans les anciens noms de tribus nobles et dans l'existence de nombreux royaumes, qui ont subsisté longtemps après notre ère et qui ont soutenu des luttes opiniâtres contre la domination romaine. En réalité, la Kabylie a été régie par le régime des castes jusqu'à l'invasion musulmane, à laquelle les tribus serves doivent leur émancipation et leur élévation sur le pied d'égalité avec les tribus nobles; le régime démocratique actuel de la Kabylie n'est autre que le régime social des tribus nobles des Touareg.

« Le fait, dit M. Alfred Maury, qui se dégage chaque jour avec plus d'évidence des informations de toutes sortes fournies par des monuments embrassant une suite de plus de vingt-cinq siècles, c'est que la civilisation et l'art remontent sur les bords du Nil à des temps antérieurs à toute histoire, que l'Egypte fut dès l'origine coulée dans un moule qui s'est altéré avec peine avec les âges, et que durent respecter les conquérants étrangers qui parvinrent à y établir leur domination. Ce moule fut celui d'une monarchie théocratique qu'on ne trouve nulle part ailleurs plus fortement conçue, plus solidement assise, et qui transforma le pays en un vaste organisme religieux, où tout gravitait autour du roi, image visible de la Divinité, où l'individu s'effaçait pour ne faire place qu'à une idée, celle de perpétuer ici-bas le culte des dieux, dont le pharaon est l'élu, l'incarnation et le mandataire (1). »

Cette opinion est partagée par tous les savants, mais les traces qu'on relève en Egypte de l'organisation sociale des Touareg montrent qu'elle n'est pas exacte. S'il est vrai qu'à des époques de son histoire, l'Egypte a été une monarchie théocratique, où tout gravitait autour du roi ou pharaon, dans lequel chacun voyait l'élu, l'incarnation et le

(1) Revue des Deux-Mondes. 1" septembre 1867, p. 183. L'ancienne Egypte. Alfred de Maury.

mandataire des dieux, tel n'était pas le moule originel de son état social. Aussi loin qu'on peut remonter dans son passé, elle possède tous les éléments de l'ordre social des Touareg. Elle avait des nobles de naissance, appelés *oërou*, d'après un papyrus de la XIX° dynastie, dénomination absolument identique de structure à Aryas, et qui avait le même sens que celle de *ihaggaren* des Touareg. Comme ceux-ci, les *oërou* étaient souverains sur leurs domaines; ils étaient « pairs entre eux et n'avaient les uns sur les autres rien de commun que la suzeraineté. » La seule différence qu'ils présentaient avec les nobles chez les Touareg, c'est qu'ils n'étaient plus nomades. Ils s'étaient fixés au sol sous l'influence de la civilisation égyptienne, comme l'ont fait, à l'origine de la conquête, toutes les aristocraties aryennes, où elles ont trouvé des civilisations florissantes, sœurs de la civilisation égyptienne. Des serfs, *sua-u*, cultivaient le sol et passaient avec la terre, en cas de vente, aux nouveaux propriétaires, sans pouvoir quitter leurs foyers, comme le montre la clause d'extradition réciproque contenue dans le traité d'alliance de Ramsès II et du prince de Khet (1)• Leur sort était donc le même que celui des serfs *imrhad*, des Touareg. Des *clients* étaient au service des nobles. « Les priviléges suivants, dit Hérodote, sont affectés aux guerriers, et hormis les prêtres, ils sont les seuls des Egyptiens à qui rien de semblable soit accordé. Chacun possède, exempt d'impôts, douze arpents d'excellente terre... Il ne leur est permis de cultiver aucun art mécanique, mais ils exercent les arts de la guerre et se les transmettent de père en fils (2). » On y retrouve aussi une caste religieuse, analogue aux *Inislimin* des Touareg,

---

(1) Revue des Deux-Mondes. 1er septembre 1867, p. 186. L'ancienne Egypte. Alfred de Maury.

(2) Hérodote. II, 168.

dont l'existence est attestée par les croyances primitives
mêmes des Egyptiens, qui étaient semblables à celles
qu'avaient alors les peuples de l'Afrique septentrionale. Ce
n'est qu'à l'époque où ces croyances sont devenues polythéistes qu'apparaît en Egypte un puissant corps sacerdotal, qui en a fait une terre théocratique par excellence.
Enfin, il y avait un roi ou *pharaon*, au sommet de l'édifice
social, dont l'autorité était, en principe, plus nominale que
réelle, comme l'est celle de l'*amenoukal* chez les Touareg.
Les luttes entre les *pharaons* et les *oérou* ont été incessantes
en Egypte, et si des pharaons ont réussi à rendre leur
pouvoir absolu, c'est à peine si, d'habitude, les *oérou* leur
reconnaissaient une suprématie de préséance. Ils étaient
autant de rois parfois plus puissants que les pharaons
eux-mêmes, et ils passaient, au même titre que ceux-ci,
pour être les représentants de Dieu ou des dieux, suivant
les époques, sur la terre. Toute l'histoire de l'Egypte en
témoigne, et l'avènement de Ménès, son premier pharaon
connu, présente une analogie frappante avec l'élévation à
la royauté de Hugues Capet, en France. Le moule dans
lequel l'Egypte fut, dès l'origine, coulée est celui de l'organisation actuelle des Touareg, celui du système féodal, à
part sa hiérarchie.

La consolidation du pouvoir pharaonique n'a commencé
à se faire sentir que sous la IVe dynastie, époque où on
voit éclore en Egypte « tous les prodiges d'une civilisation
sans pareille en ce moment dans le monde (1) », la cons-
truction de la grande pyramide, à laquelle on suppose que
cent mille hommes ont travaillé pendant vingt années, et
celle du Sphinx de Giseh, taillé à pleine pierre dans le
roc.

La Ve dynastie marque une nouvelle période d'affaiblis-

(1) Aperçu de l'histoire ancienne de l'Egypte. Mariette, p. 17.

sement du pouvoir pharaonique. « L'autorité des pharaons de cette dynastie s'était amoindrie jusqu'à ce point où les familles aristocratiques songent à se partager la puissance souveraine. »

De nombreuses peintures, qui datent de la période entre la VIᵉ et la XIᵉ dynastie, retracent sur les parois des monuments tous les détails de la vie agricole et industrielle, où se lit la condition sociale de ces laboureurs et de ces artisans, les *sua-u*. « En dehors de ses laboureurs, de ses semeurs, de ses moissonneurs, le fermier avait à *poste fixe* ses forgerons, ses cordiers, ses verriers, ses fondeurs, ses bûcherons, ses charpentiers, ses menuisiers, ses ébénistes, ses vanniers, ses tisseurs, ses constructeurs de barque, ses bergers, ses chasseurs et ses pêcheurs. Des intendants, gouvernant tout ce monde par délégation, distribuant, suivant les cas, les encouragements et les bastonnades. » Les merveilles d'architecture, de sculpture d'orfévrerie de l'Egypte ont été ainsi l'œuvre de la classe serve.

Des savants ont prétendu cependant qu'il n'y avait pas de caste en Egypte, mais seulement des corporations, et que tout Egyptien pouvait, par son talent, s'élever jusqu'aux plus hautes fonctions de l'état. C'était peut-être vrai pour une classe libre, issue des clients, intermédiaire entre la caste noble et la caste serve, dont faisaient partie les scribes qui avaient acquis une réelle importance, mais non pour la masse de la population, les sua-u, serfs ruraux ou de métier. Ceux-ci appartenaient corps et biens aux nobles.

L'époque qui s'ouvre avec la XIᵉ dynastie marque dans l'histoire de l'Egypte une ère nouvelle, « les anciennes traditions sont oubliées ; les noms propres usités dans les familles, les titres donnés aux fonctionnaires, l'écriture elle-même, et jusqu'à la religion, tout en elle semble nouveau (1) », excepté les institutions sociales qui restent les mêmes. Le régime féodal y paraît même plus en relief que par le passé. Les nobles ont chacun un gouvernement identique au gouvernement du pharaon, auquel ils ne sont rattachés que par de faibles liens de vasselage, et qui n'est, en réalité, que le premier des seigneurs. Le sort des serfs, loin de s'améliorer, s'était aggravé. « Les ouvriers de toutes sortes, voués à un rude travail, ne vivent plus qu'avec difficulté; il y a des manufactures où, surveillés par des gardiens, comme condamnées à un travail forcé, des femmes filent, tissent et brodent. »

Un tel état de choses, où l'autorité du pharaon était purement honorifique, où les seigneurs jouissaient chacun d'une souveraineté absolue, mais déjà amoindrie par l'influence d'une classe nouvelle, les prêtres et les scribes, ne pouvait qu'engendrer l'anarchie et ouvrir l'Egypte à l'étranger. C'est ce qui est arrivé en l'an 2214, où elle tomba sans coup férir aux mains d'Asiatiques, les Hycsos, dont la domination dura 511 ans.

Les Hycsos furent renversés par un mouvement national de la noblesse égyptienne, et le premier soin du seigneur qui fut proclamé pharaon, Ahmès Ier, 1703 avant notre ère, fut de s'assurer, par des faveurs, la fidélité des grands vassaux, ses pairs de la veille, preuve de la continuité du régime féodal au milieu de ces changements de dynasties.

Jusque-là l'Egypte n'avait eu à lutter que contre les Ethiopiens et les Asiatiques, c'est-à-dire contre des aristocraties de même race que celle qui la gouvernait, et qui était réputée nationale, lorsque, sous le règne de Ramsès II, de 1405 à 1438, le Sésostris des Grecs, elle se trouva aux prises avec une aristocratie libyenne, qui était également une ramification des mêmes aristocraties sœurs, ainsi qu'en

---

(1) Aperçu de l'histoire ancienne de l'Egypte. A. Mariette, p. 21.

témoignent ses caractères physiques, des cheveux blonds et des yeux bleus, et le nom qu'elle se donnait, Maschouach.

A partir de cette époque, on trouve souvent ces Maschouach mêlés aux affaires de l'Egypte où régnait une agitation générale, causée par l'anarchie que faisaient naître les compétitions des seigneurs au trône pharaonique, et ils finirent par fonder eux-mêmes la XXIIᵉ dynastie. Dès lors l'Egypte s'appartint de moins en moins, et passa tour à tour aux mains des Ethiopiens et des Libyens, jusqu'au jour où les Perses en firent la conquête, et dans le cours de ces révolutions, elle conserva toujours son vieil édifice social, le régime féodal.

Il en fut de même sous la domination des Ptolémées. Les classes inférieures se firent seules pour ainsi dire grecques par la culture des arts, des sciences et des lettres, à laquelle elles se livraient par tradition, à l'exclusion de l'aristocratie. « En faisant de leur capitale le rendez-vous de tous les grammairiens, de tous les savants, de tous les philosophes, de tous les esprits éclairés de leur temps, les Ptolémées jetèrent les premières bases de cette grande école d'Alexandrie qui, quelques siècles plus tard, disputera le monde au christianisme naissant (1). »

L'Egypte conserva son antique état social, qui était semblable en tous points à celui des Touareg, jusqu'au jour où elle fut conquise par les Arabes.

Lorsque la Grèce fut envahie par les Aryas, sa civilisation présentait une grande analogie avec la civilisation égyptienne, et, après la conquête, elle est restée grecque par la culture des arts, des sciences et des lettres, avec une organisation sociale aryenne, qui était, comme chez les Touareg, le régime des castes.

(1) Aperçu de l'histoire ancienne de l'Egypte. A. Mariette, p. 57.

« Les Doriens, dit M. Duruy, un rameau des Hellènes, qui s'étaient fixés dans la Laconie, avaient laissé les indigènes ou Laconiens vivre dans le pays qui leur avait appartenu, mais en les réduisant à la condition de sujets. Quelques-unes de ces peuplades laconiennes, ayant voulu secouer le joug, furent vaincues et placées dans une condition plus dure, celle des *hilotes*. Il y eut trois sortes d'hommes dans la Laconie : les Doriens ou les maîtres, les Laconiens ou les sujets, les *hilotes* ou les esclaves (1). »

Les maîtres du pays, les Doriens, formaient la classe des *eupatrides*, et les sujets, la classe des *démotes*. « Ceux-ci, dit M. Koutorga, dans une remarquable étude sur l'organisation de la tribu dans l'antiquité, étaient écartés de l'administration. Tous les droits politiques étaient réservés aux *eupatrides*; ils délibéraient sur les affaires publiques, étaient pontifes, juges, et, contrairement aux *démotes* qui séjournaient au milieu de leurs champs, ils habitaient la ville, la citadelle, et regardaient même comme une chose ignominieuse de vivre hors de son enceinte (2). »

On reconnaît facilement dans ces *démotes*, qui séjournent au milieu des champs, à part des *eupatrides*, sans existence politique, les serfs, *imrhad*, des Touareg, et dans les *eupatrides*, les nobles, *ihaggaren*, avec cette seule différence que les *eupatrides* n'étaient plus nomades, avaient adopté la vie sédentaire, et se renfermaient dans les villes comme les *oérou* en Egypte, mais sans se départir de l'esprit de caste qui les tenait séparés des *démotes*. La *cité* avait remplacé le *clan* nomade, mais les serfs en étaient également exclus.

La royauté avait aussi le même caractère que chez les Touareg. « Lycurgue conserva le partage de la royauté

(1) Histoire grecque. Victor Duruy, p. 32.
(2) Essai sur l'organisation de la tribu dans l'antiquité, p. 38.

entre deux maisons royales qui prétendaient descendre
d'Hercule ; le partage était possible, *car les rois spartiates
avaient bien peu de pouvoir, seulement le soin de veiller
à l'exécution des lois, quelques fonctions religieuses et le
commandement des armées* (1). »

« A Sparte, l'esprit de caste dictait les jugements, et il
était avéré qu'un Spartiate ne pouvait être condamné par
ses pairs ; les éphores eussent sacrifié tout un peuple
avant de sévir contre un enfant de leurs vieilles familles (2).»

« A côté de ces vieilles familles auxquelles tous les hon-
neurs, tous les privilèges étaient réservés, il y avait une
classe de citoyens pauvres, incapables d'exercer la moindre
influence, et cependant soumis comme les autres à la dis-
cipline de Lycurgue, admis à partager les périls de la
guerre, mais tenus toujours à une honteuse infériorité (3).
Ces plébéiens étaient les *clients* de la noblesse; comme
ceux des Egyptiens, mentionnés par Hérodote, ils avaient
échangé leur servage rural contre un servage militaire.

Athènes, de son côté, apparaît dans ses plus vieilles traditions avec la même organisation sociale que Sparte, et il en
était de même de toutes les cités grecques : « Je ne puis
juger avec certitude, dit Hérodote, si les Grecs ont reçu ces
usages des Egyptiens, puisque je vois les Thraces, les
Scythes, les Lydiens, et presque tous les Barbares mettre
au dernier rang dans leur estime ceux des citoyens qui ont
appris des arts mécaniques, ainsi que leurs descendants,
et considérer comme plus nobles les hommes qui s'affran-
chissent du travail manuel, notamment ceux qui s'adon-
nent à la guerre. Ces idées sont celles de tous les Grecs,
surtout des Lacédémoniens. » Ces usages qu'Hérodote prête

(1) Histoire grecque. Duruy, p. 34.

(2) Histoire grecque. Duruy, p. 34.

(3) Revue des Deux-Mondes. 15 mai 1853, p. 721. La retraite des Dix-Mille.
Prosper Mérimée.

aux Grecs, de tenir en grand honneur le métier des armes et en grand mépris tout travail manuel, étaient ceux des Aryas comme des Touareg, et inhérents à leur loi sociale, le régime des castes.

Le développement de la civilisation de la Grèce n'eut pas sur son état social l'influence qu'on est porté à lui supposer. Elle eut pour conséquence de faire des clients les égaux des *eupatrides*, mais si l'égalité était parfaite entre les citoyens de la cité, l'esprit de caste leur était aussi commun. Le plébéien devenu libre aurait cru s'avilir, tout comme un noble de vieille souche, en se livrant à un travail manuel. Il avait ses serfs, ses esclaves, au même titre que les anciennes familles d'*eupatrides* et, au temps de Périclès, la masse de la population était encore serve ou esclave.

L'organisation sociale de Rome fut, à son origine, entièrement aryenne. Elle comprenait : un roi, chef militaire, à la dévotion d'une aristocratie souveraine et élu par elle; — des patriciens, investis de tous les droits politiques, qui seuls formaient l'Etat, faisaient les lois, possédaient les terres; — des clients, la force militaire des patriciens; — des plébéiens « qui n'avaient ni la puissance paternelle, ni le droit de tester, ni celui d'adopter; qui n'intervenaient dans aucune affaire et ne prenaient part à aucune délibération; » qui n'étaient point admis dans l'enceinte de la cité et étaient tenus d'habiter les champs « sans auspices, sans famille, sans aïeux (1). »

Le roi Servius Tullius entreprit de faire de ces plébéiens des citoyens de Rome, de les faire participer aux affaires publiques, mais il fut renversé et assassiné par les patri-

---

(1) Histoire romaine. Duruy, p. 29 et 30.

ciens. La lutte était désormais engagée entre le vieil esprit aryen et le génie propre naissant de Rome. Elle devait être longue comme toutes les luttes sociales. L'esprit aryen a survécu longtemps après l'établissement de la République, dont le droit civil ne reconnaissait qu'aux patriciens le privilège de posséder la terre. Il a fallu « dix générations de jurisconsultes, de magistrats, de princes, de fonctionnaires (1) » pour constituer la propriété individuelle en dehors des mains de l'aristocratie. Le servage a subsisté même sous l'Empire, bien que la législation romaine prohibât le régime des castes et proclamât l'égalité des hommes (2).

M. Fustel de Coulanges dit, en parlant du colonat romain : « Le colon ne doit ni quitter sa terre, ni cesser de la cultiver. Les lois disent qu'il ne peut s'éloigner de cette terre un seul jour. Par là, il semble qu'il appartienne à son champ. Il est bien vrai que, juridiquement, le colonat n'est pas une servitude ; il n'est pas « une condition inhérente à la personne ; mais s'il n'est pas une servitude, il est un lien (3). » N'est-ce pas là le servage tel qu'il subsiste chez les Touareg ?

M. Fustel de Coulanges estime que c'est à partir du IVe siècle, peut-être dès le IIIe, que le colon n'est plus un homme tout à fait libre, ne pouvant plus quitter la terre qu'il occupe, ni renoncer à la cultiver (4). D'après l'éminent historien, le serf romain, au IVe siècle, n'est autre qu'un ancien fermier libre, qui, n'ayant pu remplir ses obligations envers le propriétaire du sol, s'y est trouvé rivé par la nécessité de vivre (5) ; ou bien un ancien esclave, dont le pro-

(1) Revue des Deux-Mondes. 15 mai 1872, p. 412.
(2) Revue des Deux-Mondes. 15 mai 1872, p. 458.
(3) Revue des Deux-Mondes. 15 octobre 1886, p. 852.
(4) Revue des Deux-Mondes. 15 septembre 1886, p. 318.
(5) Revue des Deux-Mondes. 15 octobre 1886, p. 850.

priétaire a fait un colon. L'une et l'autre de ces causes ont
pu occasionner le servage, mais non le fonder. M. Fustel
de Coulanges est mieux avisé lorsqu'il ajoute que la classe
des colons liés à la terre qu'ils devaient cultiver par obligation « avait peut-être existé dans tous les temps (1). » En
réalité, elle datait de la conquête aryenne, comme chez les
Grecs, les Egyptiens, les Berbers et les Touareg.

Les Aryas avaient renoncé de bonne heure à la vie nomade en Italie, comme en Grèce et en Egypte, partout où
ils ont trouvé devant eux une civilisation florissante, sœur
de la civilisation égyptienne, caractérisée comme elle par
un goût prononcé pour la culture des arts manuels. Mais
ils ont continué à vivre isolés, entourés de leurs clients,
en se renfermant dans des cités, tandis que leurs serfs
habitaient les champs sous des huttes, signe de leur déchéance sociale.

Avec les Celtes, nous entrons dans le monde réputé barbare par les Grecs et les Romains, monde fondé par la
conquête aryenne, et qui s'était perpétué à travers les
siècles sans transformation sensible.

Le plus ancien document où apparaît la dualité sociale
de la Gaule est ce texte de César :

« Dans toute la Gaule, il n'y a que deux classes d'hommes qui soient comptés et honorés, les Chevaliers et
les Druides, car le peuple y tient à peu près la place des
esclaves, n'osant rien par lui-même, et n'étant admis à
aucun conseil. La plupart accablés de dettes, écrasés d'impôts ou en butte aux violences des grands, se mettent au
service des nobles qui exercent sur eux les mêmes droits
que les maîtres sur leurs esclaves. »

Les Chevaliers et les Druides de la Gaule s'identifient
bien aux Ihaggaren et aux Inislimin, la caste militaire et

(1) **Revue des Deux-Mondes.** 15 octobre 1886, p. 851.

la caste religieuse des Touareg ; et ceux qui se mettaient
au service des nobles, à la classe des clients. Mais il existait, en outre, une autre plèbe rurale qui formait encore les
neuf dixièmes de la population de la Gaule au IV° siècle
de notre ère.

M. Jean Reynaud s'est demandé quelle pouvait être l'origine de cette plèbe, en faisant observer que tous les Gaulois se regardaient implicitement comme frères, puisqu'ils
se disaient tous les enfants de Dieu, suivant César, qui
prétendait le tenir des Druides eux-mêmes (1). L'existence
de cette plèbe serait, en effet, inexplicable si, sous le nom
de Gaulois, les Druides avaient entendu parler de la population entière de la Gaule. Mais, ainsi que je l'ai déjà exposé, ce nom ne s'appliquait qu'aux tribus nobles de la
Gaule. La plèbe qui formait, en Gaule, comme ailleurs, la
masse de la population, était la population aborigène
même, astreinte au servage par la conquête aryenne, ainsi
qu'en fait foi sa condition sociale, aussitôt que des documents historiques permettent de l'apprécier.

D'après des traditions, cette plèbe était appelée *togadh*
dans certaines tribus gauloises. Ce nom explique à lui
seul leur condition sociale, car il signifie *les sédentaires*,
de la racine sémitique *ogad*, demeurer, commune à la langue aryenne.

« On retrouve, dit Michelet, dans le midi de la France,
quelques débris d'une population opprimée, dont nos anciens monuments font souvent mention, et que poursuivent
encore une horreur et un dégoût traditionnel. Les savants
qui ont cherché à en découvrir l'origine ne sont arrivés
jusqu'à ce jour qu'à des conjectures contradictoires, plus
ou moins plausibles, mais peu décisives. »

« Ducange dérive le mot *colliberts*, nom sous lequel
cette population est désignée, de *cum* et de *libertas*. Il

---

(1) L'Esprit de la Gaule. Jean Reynaud, p. 136.

4

semble, dit-il, que les Colliberts n'étaient ni tout à fait esclaves, ni tout à fait libres. Leur maître pouvait, il est vrai, les vendre ou les donner et confisquer leur terre... On les affranchissait de la même manière que les esclaves. Mais, d'un autre côté, la loi des Lombards compte les Colliberts parmi les libres. Ils étaient sans doute, en général, serfs sous condition, et dans une situation peu différente de celle des hommes de *capite* (1). » On semble fondé à rapprocher le nom Collibert, de l'expression berbère *Kel iberen*, qui veut dire : tribu de serfs.

On relève des traces, en Gaule, des institutions berbères de la Grande Kabylie, le *sof* et l'*anaïa*. « Dans la Gaule, non seulement chaque état, chaque tribu (pagus), mais encore chaque famille étaient divisés en deux parties (factions) ; à la tête de ces factions étaient les chevaliers les plus considérables et les plus influents. César les appelle *principes*. Tous ceux qui acceptaient leur suprématie devenaient leurs clients, et, quoique les *principes* n'exerçassent pas une magistrature régulière, leur autorité était très étendue. Cette organisation remontait à une haute antiquité, elle avait pour but d'offrir à tout homme (libre) du peuple une protection contre les grands, puisque chacun se trouvait sous le patronage d'un chef qui avait pour devoir de prendre en main sa cause, et qui eût perdu tout crédit, s'il eût laissé opprimer un de ses clients (2).

Cette institution, si favorable à la protection individuelle, était une des sources de la faiblesse de la Gaule, par suite des compétitions et des inimitiés qu'elle entretenait au sein de la société gauloise, et des facilités qu'elle donnait à un ennemi habile à y faire naître des divisions.

Un fait, rapporté par Servius, semblerait faire croire que

(1) Histoire de France. Michelet, t. I, p. 402.

(2) Histoire de Jules César.

l'institution de l'*anaïa* existait aussi parmi les Gaulois. On sait qu'elle consiste à couvrir quelqu'un de sa protection, soit dans un combat, soit contre une vendetta. Voici comment s'exprime Servius : « Dans la guerre des Gaulés, César fut surpris par un ennemi qui l'enleva tout armé et l'emportait sur son cheval, lorsqu'un autre Gaulois, reconnaissant César, cria comme pour l'insulter *Cœcos César !* ce qui en langue gauloise veut dire : laisse-le aller, lâche-le, et il s'échappa ainsi.C'est ce que César dit lui-même dans ses Ephémérides, au passage où il parle de sa fortune. » Ces mots « Cœcos César » ont fait jusqu'à présent le désespoir des celtisants. M. de la Villemarqué pense que le Gaulois qui fit cette exclamation voulait que César fût lâché. M. Roget de Belloguet est porté à croire que les deux Gaulois ne parlaient pas le même dialecte, et qu'une injure quelconque dans l'un ressemblait au terme qui signifiait *lâcher* dans l'autre. La langue et les mœurs berbères fournissent une explication plus plausible de ce fait. D'abord il est à remarquer que M. de la Villemarqué corrige *Cœcos*, altération latine, par le Kymrique *isgog*, que l'on prononce *sgog*. Or, si le fait rapporté par Servius s'était passé entre deux Berbers, et que l'un d'eux eût voulu couvrir l'autre de son *anaïa*, il aurait crié : *sougsogt*. C'est du moins ce que m'a affirmé un lettré de la Grande Kabylie, Si-Moula. Il existe, du reste, entre les vocabulaires berber et aryen, d'autres ressemblances que je signalerai plus tard.

Le régime social actuel des tribus berbères de la Grande Kabylie étant celui des anciennes tribus nobles du pays, ces institutions du *sof* et de l'*anaïa* étaient sans doute communes à toutes les aristocraties aryennes.

L'état des personnes en Germanie ne comprenait que deux classes, les hommes libres, *die Freien*, appelés *Frijai*, chez les Goths, *Frijé* chez les anciens Germains, et

les hommes non libres, rangés, suivant les confédérations,
sous différents noms, parmi lesquels le plus général était
Lites. Les premiers constituaient seuls la société, les se-
conds ne prenaient aucune part aux affaires publiques.

Les hommes libres possédaient en toute propriété les
terres, et leur droit de propriété s'étendait aux habitants,
sur lesquels ils avaient droit de mort, sans être sujets au
wehrgeld, ou exposés à la vengeance des personnes inté-
ressées ; ils pouvaient seuls porter toujours des armes,
d'où l'usage de ceindre solennellement le glaive aux jeunes
gens dans les assemblées et les cérémonies du temps de
la chevalerie ; ils participaient seuls aux affaires publiques
et aux sacrifices. Celui-là seul était réputé libre qui jouissait pleinement de tous ces droits (1). Il serait plus exact
de leur appliquer la dénomination de « nobles », pour les
distinguer des hommes libres qui ont surgi du milieu des
clients. Ces hommes libres étaient des aborigènes ; ils
sont devenus, les uns des gens de métier, des commerçants, et ont peuplé les villes, — les autres, les vassaux
des hauts seigneurs et, à ce titre, ils ont fait désormais
partie de la noblesse, mais sans être confondus avec l'aristocratie de race.

« César dit positivement qu'en temps de paix, les Germains n'avaient point de gouvernement général, c'est-à-dire
qu'ils ne formaient un corps qu'en temps de guerre, et
que, la guerre terminée, ils ne représentaient plus une société réelle ; alors chaque tribu, chaque famille, vivait sé-
parément, dans l'indépendance et sans reconnaître aucun
pouvoir (2). »

La royauté a eu, en Germanie, des débuts aussi humbles
que dans tous les pays où dominait une aristocratie

---

(1) Essai sur l'organisation de la tribu dans l'antiquité. Koutorga, p. 113 et
suivantes.

(2) Koutorgue, p. 205.

aryenne. « Le roi ne pouvait, de son propre mouvement, ni entreprendre, ni décider quoi que ce fût ; tout dépendait de l'assemblée publique... Chef militaire, il n'avait pas même le droit de disposer à sa volonté du butin... Il n'était qu'un homme libre, à l'égal des autres hommes libres, et aucun signe ne le distinguait de ceux-ci (1). »

Tacite nous fait connaître la condition sociale des hommes non libres, les *lites*, en Germanie. « Les Germains ont, dit-il, une certaine espèce d'esclaves dont ils ne se servent pas comme nous, en leur assignant certains emplois dans la maison. Chacun a sa maison, ses pénates... Le maître exige de l'esclave, comme d'un *colon*, une certaine quantité de blé, de bétail, de vêtements. Frapper un esclave, le charger de chaînes, est chez eux une chose rare (2). Le serf germain payait donc les mêmes redevances, rencontrait chez son maître la même mansuétude que le serf touareg, dont M. Henri Duveyrier parle pour ainsi dire dans les mêmes termes.

Le système de la servitude domestique, dit M. Guizot, était beaucoup moins développé chez les Germains que chez les Romains... En revanche, les Germains avaient beaucoup de colons, le colonat était même la condition générale de leur population agricole (3).

Les auteurs allemands prétendent qu'en Germanie la vie agricole et sédentaire prévalait sur la vie errante, avant l'invasion de la Gaule, et ils en concluent que les Germains étaient plus avancés en civilisation que les nations voisines. Ils n'ont pas à en tirer vanité. Si la vie agricole et sédentaire prévalait sur la vie errante, c'est que la masse de la population était rivée à la terre par le servage, et que la noblesse, qui était en grande infériorité numérique, menait

(1) Koutorgue, p. 25.

(2) Histoire de la civilisation en France. Guizot, t. I. p. 194.

(3) Histoire de la civilisation en France, t. IV, p. 8.

seule une vie nomade par privilège de race. Tant que la noblesse ne s'est pas fixée elle-même au sol, la vie sédentaire a été considérée dans l'antiquité comme une marque de déchéance sociale.

D'après Hérodote, les Scythes se partageaient en Scythes royaux et en Scythes esclaves :

« Au-delà du fleuve Gerrhus, demeurent les Scythes qu'on appelle *royaux*, les plus vaillants, les plus nombreux, estimant que les autres Scythes sont leurs esclaves (1). »

Hérodote dit ailleurs : « A l'est des Scythes *cultivateurs*, en traversant le Panticape, on entre immédiatement chez les Scythes *nomades* qui ne sèment ni ne labourent (2). »

Ainsi, les Scythes étaient partagés en nobles et en serfs, comme tous les peuples conquis par les Aryas, les uns *nomades*, ne se livrant à aucun travail, les autres *sédentaires*, cultivant la terre.

Seulement il ne faut pas croire, comme le laisse entendre Hérodote, tout en mentionnant la sujétion des tribus serves aux tribus nobles, que les premières habitaient une partie de la Scythie et les secondes une autre ; chaque peuple était composé de Scythes royaux, qui étaient l'élément conquérant, et de Scythes esclaves, qui étaient l'élément conquis, avec un territoire parfaitement défini.

Un passage du récit de l'ambassade de l'empereur Théodore à Attila montre que le régime des castes était toujours la loi des Scythes au Ve siècle de notre ère : « Au bout de trois jours enfin, dit le narrateur, nous fûmes renvoyés après avoir reçu des présents ; Attila fit partir avec nous, comme ambassadeur, Bérich, l'un des principaux

(1) Hérodote, IV, 81.
(2) Hérodote, IV, 19.

chefs scythes, *seigneur* de beaucoup de villages dans la Scythie (1). »

« Les Scythes, dit Hippocrate, sont appelés *nomades*, parce qu'ils n'ont pas d'habitation fixe, et qu'ils demeurent dans des *chariots*. Les plus petits de ces chariots ont quatre roues, les autres en ont six ; ils sont fermés avec du feutre, et construits comme des maisons ; les uns n'ont qu'une chambre, les autres en ont trois ; ils sont impénétrables à la pluie, à la neige et au vent ; les uns sont traînés par deux paires, les autres par trois paires de bœufs... Les femmes demeurent dans ces chariots, les hommes les accompagnent à cheval, suivis de leurs moutons, de leurs vaches et de leurs chevaux. Ils demeurent dans le même lieu tant que le fourrage y suffit à la nourriture de leurs troupeaux ; quant tout est consommé, ils se transportent ailleurs. » L'aristocratie des Scythes seule, ainsi que cela se passe chez les Touareg, se transportait d'un lieu à un autre, sans sortir de son territoire, et sans s'éloigner des établissements fixes de ses serfs d'où elle tirait sa subsistance.

M. Théodore Pavie nous fait assister, le Rig-Véda à la main, à l'éclosion du régime des castes dans l'Inde, sous les pas des conquérants aryens.

« Les Aryas, dit-il, marchaient pour ainsi dire en trois corps. Il y avait les colons établis à *poste fixe* dans les *grâmas*, ou villages situés au milieu des champs, et dans lesquels résidaient les gens de la caste servile... à mesure que ces villages prenaient de la consistance, les pasteurs reculaient plus loin leurs *demeures temporaires*, puis autour d'eux se fixaient des laboureurs... et une autre portion de la tribu partait en avant-garde, allant porter ailleurs les premiers germes de la civilisation (2). »

---

(1) Guizot. Histoire de la civilisation en France, t. III, p. 60.
(2) Revue des Deux-Mondes, 15 juillet 1854, p. 255.

Hérodote avait signalé lui-même à son insu, la dualité sociale de l'Inde en disant : « Il y a beaucoup de nations dans l'Inde, les unes sont *nomades*, les autres ne le sont pas (1) ». Seulement, dans la pensée d'Hérodote, ces nations étaient distinctes et indépendantes les unes des autres, tandis que chacune d'elles était formée de tribus nomades ou dominantes et de tribus sédentaires ou serves.

Les auteurs persans font remonter à Djemchid, le héros légendaire de la conquête aryenne en Perse, l'organisation du pays en castes, et on sait que c'est contre ce régime social que s'est élevée la doctrine de Zoroastre, au nom de la charité universelle et de l'égalité des âmes.

Ces rapprochements établissent surabondamment que l'organisation sociale actuelle des Touareg a été commune à tous les peuples de l'Asie occidentale, sauf les Sémites, à ceux de l'Europe et de l'Afrique septentrionale, et quelle est le moule dans lequel la conquête aryenne les a coulés.

5° Sa religion primitive.

L'historien Ibn-Khaldoun rapporte que « lorsque les Berbers furent en présence de l'islamisme, il y avait des tribus qui professaient la religion juive, d'autres étaient chrétiennes, et d'autres étaient païennes, adorateurs du soleil, de la lune et des idoles » (2) ; c'est dire qu'avant l'introduction du judaïsme et du christianisme dans l'Afrique septentrionale, les Berbers pratiquaient le culte

(1) Hérodote, III, 98.
(2) Histoire des Berbers, t. I, p. 177.

des forces et des phénomènes de la nature divinisée, et c'est précisément là l'idée même qu'on s'est faite généralement de la religion aryenne. Mais il existe un autre témoignage de la communauté de croyances religieuses entre les aristocraties de l'Afrique septentrionale, sœurs de celle des Touareg, et les aristocraties aryennes de l'Europe et de l'Asie occidentale, ce sont les monuments de pierres brutes.

Durant longtemps, la science, adoptant une tradition populaire, a fait honneur aux Celtes des monuments de pierres brutes de la Gaule, les premiers qui aient éveillé la curiosité publique. Puis, la critique a fait naître le doute, et la question de leur origine a été mise au concours, en 1862, par l'Académie des Inscriptions et Belles-Lettres. Le mémoire couronné fut celui de M. Alex. Bertrand. D'après ce savant archéologue, les monuments de pierres brutes n'ont pas tous la même origine, la même signification, le même intérêt, et si on envisage à part les dolmens et les allées couvertes, on est amené à résumer ainsi ce qui les concerne :

Les dolmens et allées couvertes sont généralement des tombeaux.

Ceux existants en Gaule se trouvent dans les îles, sur les côtes septentrionales et occidentales, à partir de l'embouchure de l'Orne jusqu'à l'embouchure de la Gironde, groupés sur les pointes et caps s'avançant dans la mer, et dans l'intérieur du pays, à proximité des cours d'eau navigables. Toutefois, on n'en relève aucun sur la rive droite de la Loire supérieure, ni sur le cours inférieur de la Seine, ni sur les rives de la Saône et du Rhône, de sorte qu'on peut dire qu'il n'en existe pas dans l'est de la France. Ces dolmens et allées couvertes ne peuvent pas être attribués au groupe de populations qui ont fait les grandes expéditions d'Italie, de Grèce et d'Asie-Mineure, et qui ont lutté contre Rome, puisqu'elles occupaient la surface entière de la Gaule. Ces monuments de pierres brutes appartiennent à une autre race préexistante aux Gaulois (1).

Même en admettant que la distribution en Gaule des dolmens et allées couvertes ait toujours été sensiblement la même que celle qu'on constate aujourd'hui, on n'est pas entraîné nécessairement aux conclusions de M. Alex. Bertrand. Évidemment, ces monuments de pierres brutes, dans lesquels on n'a trouvé que des armes et des instruments de silex, ne sont pas l'œuvre des Celtes de César, mais, comme l'invasion aryenne est antérieure de milliers d'années à la date la plus ancienne qu'on lui a assignée jusqu'à présent, elle peut très bien remonter à l'âge de pierre, et rien ne s'oppose à ce que ces dolmens soient attribués aux ancêtres des Celtes de l'époque romaine. Leur distribution sur le sol, telle que l'a établie M. Alex. Bertrand, se concilie facilement avec cette hypothèse. La race aryenne, en effet, n'a point renouvelé la population primitive de la Gaule, elle s'est seulement superposée à elle en se constituant son aristocratie, et elle s'y est trouvée toujours en grande infériorité numérique. Dès lors, on est fondé à supposer qu'elle a dû rester concentrée de longs siècles dans l'intérêt de sa défense, comme l'ont fait les Franks (2), et que les dolmens et allées couvertes marquent ses stations et ses lignes de pénétration à l'origine de la conquête. S'il n'en existe pas, ou peu, dans l'est de la Gaule, c'est que la race aryenne s'est disséminée au fur et à mesure de l'affermissement de sa domination, et qu'elle n'a plus élevé, à partir de cette époque, que des dolmens isolés, que le temps et la main de l'homme ont pu facilement faire disparaître. Et puis, il est arrivé aussi un moment où ce mode primitif de sépulture a subi en Gaule des

(1) Archéologie celtique et gauloise. Alex. Bertrand, p. 131.

(2) Lettres sur l'Histoire de France. Aug. Thierry, p. 129.

modifications, ainsi qu'en témoignent les *tumulus* qu'on y relève partout, et dans lesquels les corps sont incinérés et non ensevelis. Ces raisons expliquent que la distribution des dolmens des premiers temps de la conquête n'ait pas été sensiblement modifiée, et qu'il n'en existe plus dans l'est de la Gaule.

Mais on possède une preuve plus certaine de l'origine aryenne des dolmens et allées couvertes, c'est qu'il y en avait de semblables à ceux de la Gaule, en Europe, en Asie et en Afrique, jusque dans le pays des Touareg.

Il y a longtemps que l'on a signalé dans l'Afrique septentrionale des monuments de pierres brutes, mais ils n'ont frappé l'attention des savants qu'après avoir été décrits par M. Féraud, que la mort a frappé si prématurément à Tanger, où il remplissait avec tant d'intelligence et d'expérience les hautes fonctions de ministre plénipotentiaire de la France. M. Féraud a étudié particulièrement les monuments de pierres brutes de la province de Constantine. « Dans un rayon de plus de trois lieues, dit-il, sur la partie montagneuse, comme dans la plaine, tout le pays qui entoure les sources du Bou-Merzoug est couvert de monuments de forme celtique, tels que *dolmens, demi-dolmens, cromlechs, menhirs, allées* et *tumulus* ; en un mot, il existe là presque tous les types connus en Europe. Dans la crainte d'être taxé d'exagération, je ne veux point en fixer le nombre, mais je puis certifier en avoir vu et examiné plus d'un millier pendant les trois jours qu'a duré l'exploration. Dans la montagne, comme sur les pentes, on en rencontre partout où il a été possible d'en placer. »

« Tous ces monuments sont entourés d'une enceinte plus ou moins développée en grosses pierres disposées tantôt en rond, tantôt en carré, avec une sorte de régularité géométrique. La roche forme parfois une partie de l'enceinte, complétée ensuite à l'aide d'autres blocs répétés ; il est même difficile souvent de déterminer où finit le monument et où commence le rocher. »

« Lorsque des hauteurs on examine la plaine, on y aperçoit d'immenses lignes blanchâtres régulièrement tracées, qui établissent sur une étendue de quatre kilomètres en ligne droite, une vaste enceinte à la zone de pays, où s'élèvent les vestiges celtiques. Les lignes sont de simples, doubles ou triples rangées de grosses pierres de 40 à 60 centimètres d'épaisseur, plantées en terre, et formant des allées découvertes, qui relient entre eux les *dolmens*, les *tumulus* et les *cromlechs*, comme le fil unit les grains d'un chapelet (1). »

Une particularité de ces dolmens, c'est que les cadavres qu'ils renferment sont repliés sur eux-mêmes, couchés sur le côté gauche, formant en quelque sorte un S ; les genoux touchant presque le menton, les bras en croix sur la poitrine. Ce mode de sépulture a été déjà signalé par Hérodote : « Le peuple libyen, les Nasamons, dit-il, enterrent leurs morts assis, prenant bien garde, quand l'âme de l'un s'échappe, de le mettre sur son séant, et de ne point le laisser mourir sur le dos (2). » M. Lortet a constaté aussi que l'intérieur des dolmens de la Palestine n'était pas assez long pour que le corps pût y être couché.

M. Barth a signalé de semblables monuments de pierres brutes chez les Touareg : « Sur le haut d'un rocher, dit-il, en face de l'embouchure de l'Erasar Amen-Semeden, sur la route de Mourzouk à Rhat, se trouve un cercle composé de pierres régulièrement juxtaposées (3). »

Le capitaine Bernard, qui faisait partie de la malheureuse mission Flatters, a ajouté aux premières indi-

(1) Recueil de notices et mémoires de la Société archéologique de la province de Constantine. 1863.

(2) Hérodote, IV. 1890.

(3) Voyages dans l'Afrique centrale. Barth. t. I, p. 117.

cations de Barth de nouveaux renseignements que voici :

« Dans la vallée des Ighargharen, près du puits de Ti-balbalet, sur le penchant de la montagne, on aperçoit une pierre levée et un monument assez remarquable, proba-blement un tombeau, dont les indigènes ne connaissent pas l'origine ; ce sont deux sortes de *tumuli*, formés de pierres amoncelées sur deux à trois mètres de hauteur, et entourés de deux cercles concentriques bien réguliers com-posés de blocage (1). »

« Dans l'Oued-Tidjendjelt, affluent des Ighargharen, il existe un contrefort rocheux, couvert de grandes pierres plates, où se voit un monument curieux. Au centre est une enceinte rectangulaire de 4 mètres sur 2, formée de pierres plates placées debout. Une cloison médiane divise cet en-semble en deux compartiments ; cette première partie est entourée d'un cercle de dix mètres de diamètre, composé de la même façon et ouvert du côté Est sur un arc de 100 degrés environ ; de chaque extrémité de cette dernière en-ceinte part une ligne formée de deux rangs de petites pierres plates, dont l'intervalle est rempli de cailloux ronds. Ces deux lignes ont environ 65 mètres de lon-gueur et se terminent par une sorte de corne placée de-bout à l'extrémité extérieure. L'angle de ces deux lignes est d'environ 100 degrés, et son ouverture est tournée vers l'orient (2). »

Tout en reconnaissant la similitude des dolmens et allées couvertes de l'Afrique septentrionale, de l'Europe et de l'Asie occidentale, M. Alex. Bertrand a persisté à les attri-buer à une race antérieure à la race aryenne. « Une seule ressource nous reste, dit-il, pour expliquer ces faits étranges : à savoir que ces monuments sont les monu-

---

(1) Mission Flatters. Capitaine Bernard, p. 51.

(2) Mission Flatters. Capitaine Bernard, p. 72.

ments non d'une époque, d'un âge particulier, mais ceux de tribus qui, rebelles à toute transformation et à toute absorption par les races supérieures qui ont peuplé de bonne heure l'Europe, après avoir été refoulées de l'Asie vers les contrées du Nord, avoir suivi les bords de la mer Baltique et séjourné en Danemark, en ont été de nouveau chassées, ont remonté jusqu'aux Orcades, puis redescendant par le canal qui sépare l'Irlande de l'Angleterre, sont arrivées d'étape en étape, d'abord en Gaule, puis en Portugal, puis enfin jusqu'en Afrique, où les restes de ces malheureuses populations se sont éteints, étouffés par la civilisation qui ne leur laissait plus de place nulle part (1). »

M. Alex. Bertrand n'eût pas persisté sans doute dans son opinion première, s'il eût soupçonné que l'invasion aryenne n'avait pas été restreinte à l'Inde, la Perse et l'Europe, et qu'elle avait embrassé aussi l'Afrique septentrionale. Il est bien difficile, en effet, de concevoir que des tribus errantes, rebelles à toute transformation, aient émigré d'Asie en Afrique, en contournant l'Europe, et qu'elles soient restées semblables à elles-mêmes durant ce long exode, en laissant derrière elles des vestiges si imposants et si considérables de leur séjour dans leurs différentes étapes. N'est-il pas plus raisonnable d'attribuer à la race aryenne ces dolmens et allées couvertes, qui sont l'œuvre d'une même pensée religieuse, d'une même civilisation, dont l'aire géographique et la similitude correspondent à l'aire géographique et à l'unité de la domination aryenne, d'autant plus qu'on sait d'autre part que la religion aryenne prohibait les temples, les statues et les images ? Aucun doute ne semble subsister à cet égard. La religion primitive de l'aristocratie des Touareg était aryenne, comme le nom qu'elle se donne, les caractères physiques qu'elle a conservés, son costume et ses institutions sociales. Mais

---

(1) Archéologie celtique et gauloise, p. 163.

cette religion n'était pas, comme il est généralement admis, le culte des forces et des phénomènes de la nature divinisée.

La religion aryenne éveille bien, au premier abord, une idée de pluralité divine, mais en y regardant de près, sans parti pris, on reconnaît qu'elle est inspirée par un sentiment monothéiste très pur. Ainsi, à en juger par les hymnes védiques, où elle se reflète toute entière, on reconnaît que l'Arya conçoit Dieu comme un être immatériel, incarné en esprit dans chacune de ses œuvres, sans que son unité en soit altérée, qu'il l'invoque sous des noms différents, comme le créateur des forces et des phénomènes de la nature, qui, à sa volonté, fécondent la terre ou y sèment la ruine, comme la source de tous les biens et de tous les maux en ce monde, du bonheur et de l'affliction sous toutes leurs formes. Mais si, sous chacun de ces noms, il semble invoquer une parcelle distincte de la puissance divine, une de ses incarnations, à l'exclusion des autres, il lui arrive aussi de l'invoquer, sous chacun d'eux, comme une puissance divine unique. C'est l'opinion de Max Müller, qui dit qu'en lisant avec attention les hymnes védiques dont Dyaus, Savitor, Aditia, Varuna ou Indra sont les objets, on croirait que chacun d'eux est le Dieu unique, suprême, sans second.

Emile Burnouf est encore plus affirmatif : « Vichnou, dit-il, n'est ni le soleil ni ses rayons ; Agni n'est pas le feu matériel qui brûle, malgré l'identité de leurs noms. Il n'y a pas à ma connaissance un seul texte dans les Védas qui impose à ces noms la signification étroite qu'on leur suppose. Vichnou est une force vivante, qui se manifeste dans le soleil aux rayons pénétrants ; Agni est une puissance universelle, intelligente et libre, dont les feux de toute nature ne sont que des signes visibles, qui réside dans la pensée qu'elle vivifie. Il n'est pas un lecteur attentif des Védas qui ne le sache, et qui, s'il est sincère, ne reconnaisse la spiritualité de cette doctrine (1). »

Le docteur Creuzer fait ressortir nettement de son côté l'idée monothéiste qui inspire les Védas : « Brahm, dit-il, est l'être éternel, l'être par excellence, se révélant dans la félicité et la joie. Le monde est son nom, son image; mais cette existence première qui contient tout en soi est seule réellement existante. Tous les phénomènes ont leur cause dans Brahm ; pour lui, il n'est limité ni par le temps, ni par l'espace, il est impérissable, il est l'âme du monde, l'âme de chaque être en particulier. »

« Cet univers est Brahm, il vient de Brahm, il subsiste dans Brahm, il retournera dans Brahm. »

« Brahm, ou l'être existant par lui-même, est la forme de la science et la forme du monde sans fin. Tous les mondes ne font qu'un avec lui, car ils sont par sa volonté. Cette volonté éternelle est innée en toutes choses. Elle se révèle dans la création, dans la conservation et dans la destruction, dans le mouvement et dans les formes du temps et de l'espace. »

« Cette doctrine, observe le docteur Creuzer, repose sur une métaphysique aussi vaste que profonde... tout se résout dans l'unité, l'unité qui préside et embrasse tout (2). »

D'après les écrivains persans, une religion primitive, analogue à celle de l'Inde, aurait précédé en Perse la doctrine de Zoroastre (3). Hérodote a avancé le même fait, en disant : « Les Perses n'érigent ni statues, ni temples, ni autels; ils traitent d'insensés ceux qui en élèvent, parce qu'ils ne croient point, comme les Grecs, que les dieux participent de la nature humaine. Ils ont coutume de faire

---

(1) Histoire des deux Mondes, 1er décembre 1861, p. 536.

(2) Religions de l'antiquité. Docteur Creuzer, t.   p. 152.

(3) Histoire des Perses. Malcolm, t. I, p. 267 et 273.

des sacrifices à Jupiter sur les cimes des monts, et ils appellent Jupiter le cercle entier du ciel. Ils sacrifient encore au soleil, à la lune, à la terre, au feu, à l'eau et aux vents (1). » Ces sacrifices, les Perses les adressent à Dieu seul, comme on l'a reconnu pour les Hindous, en l'invoquant sous ses différentes incarnations, suivant le but de leurs prières.

En Grèce, l'invocation des prêtresses du sanctuaire de Dodone : *Zeus en, Zeus esti, Zeus essetai, ô megade Zeus*, accuse la foi en un Dieu unique, et M. A. Maury est d'avis que si cette invocation « remonte à une haute antiquité, il faudrait en conclure que ce Dieu était conçu à peu près comme le Jehovah, l'Eternel des Hébreux ». C'est seulement à partir d'Homère que le monothéisme des Pélasges a commencé à s'obscurcir. « La religion homérique, dit M. A. Maury, est plus polythéiste que celle des âges précédents... au lieu d'une divinité principale qu'on révère en chaque lieu, et qui, malgré quelques divinités très secondaires, reflète la magnifique idée de l'unité divine, l'Iliade et l'Odyssée introduisent tout un cortège de dieux presque égaux entre eux, et les subordonnent tout au plus à la grande divinité pélasgique, dont la supériorité est même très souvent méconnue (2). » C'est sans doute autant sous l'influence de ces antiques traditions, que sous l'inspiration de leur propre génie, que Socrate proclamait l'existence d'un Dieu unique et l'immortalité de l'âme, que Platon montrait Dieu comme le principe de toutes choses et qu'Aristote affirmait à Alexandre l'unité divine.

Chez les Latins, Numa défendit de représenter les dieux par des images de bois, de pierre ou d'airain, et s'efforça

(1) Hérodote, p. 231.

(2) Religion de la Grèce, t. I, p. 56.

5

de rétablir le culte de ses ancêtres, le culte d'un Dieu abstrait.

« On dit, rapporte Strabon, qu'aux époques des pleines lunes les Celtibères et les peuples qui leur sont limitrophes du côté du nord, célèbrent avec toute leur famille, en dansant la nuit entière devant la porte de leur maison, la fête d'un Dieu sans nom. »

Diogène Laerte rapporte que les inventeurs de la philosophie, et sous ce nom on entendait alors la croyance en un Dieu unique, ont été les Mages chez les Perses, les Chaldéens à Babylone, les Gymnosophistes chez les Indiens, et parmi les Celtes et les Galates ceux qu'on nomme Druides et Semnothées.

Le sens du nom des Druides atteste lui-même le caractère monothéiste de leur doctrine. On le décompose habituellement en ces deux mots celtiques : *dru, chêne*, et *widd, science* (ceux qui possèdent) la science du chêne. Mais widd me paraît devoir être rapproché du sémitique *ouahed, un*, et Druides signifie alors : les unitaires (préposés à la cérémonie du chêne). Cette étymologie semble d'autant plus plausible qu'elle explique en même temps la forme isolée, Owaïd, sous laquelle était également désignés les prêtres gaulois. La présence de ce mot sémitique *Ouahed* dans une expression aryenne, n'a rien qui doive étonner ; on relève de nombreux exemples d'éléments sémitiques dont la langue aryenne s'est imprégnée à son berceau.

« Celse, dont Origène réfutait les attaques contre le christianisme, avait avancé qu'il existait beaucoup d'analogie entre certaines doctrines des Druides et celles des Juifs, ce qui doit s'entendre avant tout du monothéisme de ces derniers. » Origène était donc bien avisé en prétendant que la conversion des Bretons au christianisme avait été facilitée par leur antique croyance à un Dieu unique.

Saint Augustin a cité les doctrines des Sages de la Gaule, de l'Espagne, de l'Inde, etc., comme très rapprochées du monothéisme chrétien.

Les auteurs allemands ont réclamé pour les Germains la communauté de religion avec les Celtes, qui, comme nous venons de le voir, étaient monothéistes.

D'après M. Ozanam, on trouve au sommet des dogmes primitifs de la religion des Germains, une *divinité souveraine*, qu'aucune image ne peut figurer, aucun temple contenir. Cette divinité souveraine s'appelait Odin. Ce nom paraît aussi dériver, comme le celtique *owaïd*, du sémitique *ouahed*, un.

« Les Scythes, dit Jean Reynaud, ne se permettaient aucune image, même céleste, n'adoraient Dieu qu'en esprit et demeuraient fidèles à la simplicité pastorale, jusqu'à s'abstenir de toute édifice fermé. » C'est bien là le monothéisme des Aryas.

« Les Sarmates ne reconnaissaient, au rapport de Procope, qu'un seul Dieu qui lance la foudre, et qui est le maître de l'univers; ils lui immolaient des bœufs et d'autres victimes, mais ils vénéraient aussi les fleuves, les nymphes et d'autres divinités subalternes, auxquels ils offraient des sacrifices; le but de ces sacrifices était les divinations. » Des superstitions se sont mêlées, de tout temps, aux croyances monothéistes comme aux idées polythéistes, et du moment où Procope reconnaît que les Sarmates n'adoraient qu'un seul Dieu, ils ne pouvaient lui associer en même temps des dieux subalternes. La notion de l'unité divine ne comporte en elle-même aucune restriction; elle est entière, ou elle n'existe pas.

En Egypte, le monothéisme apparaît dès le règne de Ménès. Avant l'an 3064 avant notre ère, « on n'y trouve pas parmi les peintures innombrables, les gravures et les sculptures qui couvrent les monuments, la figure d'un seul dieu. » C'est que le Dieu des Egyptiens était alors le

Dieu des Aryas, immatériel, existant en esprit dans les
œuvres de la création, et ne tolérant ni temples, ni statues,
ni images.

« Plus on remonte vers la source de ce peuple, plus on
se rapproche de la notion d'un Dieu unique ; on y retrouve
dans sa pureté la loi naturelle révélée aux hommes par un
Dieu unique, créateur du monde et de l'homme : union des
époux, égalité des sexes, autorité paternelle, respect des
parents, amour du prochain, obligation au travail, immortalité de l'âme, croyance à la rédemption, à la vie future, à
la résurrection du corps et à la justification de l'âme par
la Rédemption (1). »

« Sur cette terre, toute couverte d'inscriptions grani-
tiques, de temples, de tombeaux, j'ai fouillé, dit M. de
Rougé, j'ai exploré les textes sacrés, les hymnes, les
pierres funéraires les plus anciennes. Les interprétations
que j'ai proposées ont passé au crible de la critique en
France, en Angleterre, en Allemagne. Rien ne les a ébran-
lées. Elles sont aujourd'hui classiques. Des documents
dont la date remonte à quatre mille ans avant Moïse établissent, d'une manière irréfutable, la croyance des Egyptiens au *dogme fondamental de l'unité de Dieu.* »

« Oui, quatre mille ans avant Moïse, la vallée du Nil a
retenti du chant des hymnes en l'honneur d'un Dieu auteur
et créateur des êtres, d'un Dieu par qui tout a été fait,
et qui seul n'a point été fait : *per quem omnia facta
svnt* (2). »

C'est vers l'an 3064 qu'en Egypte le monothéisme aryen
s'est transformé en polythéisme. Au XVIe siècle, un Pharaon a tenté de le rétablir, mais il a échoué dans son entreprise, et l'Egypte est restée polythéiste jusqu'à l'apparition des religions sémitiques.

(1) Le Correspondant du 25 août 1862.
(2) Discours de M. Rougé au Cercle du Luxembourg. Paris, 1869.

Les témoignages de l'antiquité viennent donc s'ajouter aux monuments de pierres brutes pour attester que la religion primitive des Aryas était monothéiste, qu'elle concevait Dieu comme un être immatériel, incarné en esprit dans chacune des œuvres de la création, sans que son unité en soit altérée, et qu'elle avait une si haute idée de sa grandeur et de sa puissance qu'elle regardait comme une impiété de lui élever des temples et des statues, de le supposer existant dans des œuvres de l'homme. Le monothéisme aryen a précédé ainsi des milliers d'années le monothéisme hébraïque, et c'est à tort que les Hébreux passent pour le premier peuple qui ait connu le dogme de l'unité divine. Ce qui appartient en propre aux Hébreux et qu'ils ont les premiers révélé à l'humanité, ce n'est pas le dogme de l'unité divine, c'est une notion de Dieu plus pure que celle des Aryas, non pas au point de vue de la nature de Dieu, mais au sujet de ses rapports avec l'humanité, c'est d'avoir proclamé que tous les hommes étaient égaux devant Dieu et que la pratique de la vertu était nécessaire pour aller au ciel. Cette doctrine nouvelle était diamétralement opposée à celle des Aryas, qui prétendaient que les hommes étaient inégaux devant Dieu, qu'eux en étaient les élus, prédestinés à dominer sur la terre, et que les autres races avaient été créées pour les servir.

Voilà la gloire du monothéisme hébraïque; il a inauguré dans l'humanité une ère d'égalité, de justice et de morale, à l'encontre du monothéisme aryen, qui légitimait les priviléges pour les uns et le servage et l'esclavage pour les autres, mais les Sémites n'ont pas puisé le dogme de l'unité divine, comme on l'a dit, « dans les instincts les plus impérieux de leur esprit et de leur cœur » (1). Tout porte à croire que le monothéisme des

---

(1) Histoire des Langues sémitiques. E. Renan, p. 5.

Hébreux, avant la venue d'Abraham en Palestine, se con-
fondait avec le monothéisme aryen. Ce qui tend à l'établir,
c'est d'abord l'origine aryenne d'Abraham, qui était Chal-
déen, ainsi que sa lignée, les Hébreux. « Il était de race
blonde, dit Jean Reynaud, parlant une langue aryenne, et
ce n'est que peu à peu que sa descendance, se façonnant
aux mœurs du Midi, a pris la langue qui s'y était créée de
longue date » (1); puis, les nombreux points communs
qui ont existé durant des siècles entre le monothéisme
aryen et le monothéisme hébraïque, après la vocation d'A-
braham, et, enfin, le fait que le monothéisme hébraïque
ne s'est vraiment approprié le principe de l'égalité des
hommes devant Dieu qu'aux temps des prophètes.

6° Sa langue.

L'aristocratie des Touareg parle le berber, de temps immémorial, et elle serait bien étonnée elle-même si on lui
disait que ce n'est pas là sa langue nationale, qu'elle parle
la langue des aborigènes, que ses ancêtres ont peu à peu
adoptée, en délaissant celle de leur race, comme l'ont fait
les Franks en Gaule.

Le *berber* se parle de la Mer Rouge à l'Océan Atlantique,
et du littoral méditerranéen aux confins de la Nigritie,
et la grande unité qu'il a conservée jusqu'à nos jours,
malgré son immense aire linguistique, explique qu'il ait
survécu à toutes les dominations étrangères, qui ont pesé
successivement sur l'Afrique septentrionale. « Si l'on com-
pare, dit le général Hanoteau, deux dialectes berbers, dont
l'un est resté à peu près pur, comme celui des Touareg,
tandis que l'autre est déjà fortement mélangé d'arabe, on
est frappé de l'analogie qu'ils présentent dans les caractères des genres et des nombres, dans la formation des

_____

(1) De l'esprit de la Gaule. Jean Reynaud, p. 199.

pluriels, dans les pronoms, la conjugaison et les formes
dérivées du verbe, en un mot dans toutes les parties fon-
damentales de sa grammaire, les vocabulaires mêmes, en
écartant les éléments étrangers, et tenant compte des variantes de prononciation, offrent la plus grande ressem-
blance, et de nombreux indices portent à croire qu'ils ont
été originairement d'un usage général (1). »

Telle est la langue que parle l'aristocratie des Touareg,
et que les philologues ont rangée, avec l'égyptien et l'é-
thiopien, dans une même famille linguistique, distincte
des langues sémitique et aryenne ; mais il existe des témoignages établissant que cette aristocratie, et ses congénères de l'Afrique septentrionale, ont parlé primitivement la langue aryenne.

LE MOT *her*

Parmi ces témoignages, je citerai en premier lieu le mot
her, la racine du nom que se donne l'aristocratie des
Touareg et du nom de race des Aryas. Il est aussi la racine d'un grand nombre de noms de peuples et de personnes de l'antiquité, qu'on relève en Asie, en Europe et
en Afrique, de sorte que ces noms ont même origine,
même sens, et signifient : les hommes de race pure, c'est-
à-dire de race aryenne, et par extension, les seigneurs, les
maîtres, les nobles. Seulement, ces noms sont si dispa-
rates, par suite des transformations phoniques de leur racine *her*, de ses formes grammaticales diverses, des articles qui s'y sont parfois agglutinés, de son redoublement,
de l'adjonction d'autres noms, et même parfois aussi de sa
sémitisation, qu'il est nécessaire d'entrer à ce sujet dans
quelques explications, pour aider à les faire reconnaître
et à établir leur similitude.

---

(1) Essai de grammaire kabyle. Général Hanoteau, p. XIV.

Transformations phoniques.

« Chaque race, chaque subdivision ethnique, fait observer M. F. Lenormant, a des articulations qui lui sont propres, d'autres qui lui font défaut, d'un peuple à l'autre ; les consonnes de même ordre éprouvent des altérations régulières et constantes, dont l'étude constitue dans la science du langage cette branche essentielle qu'on nomme la phonétique (1). » D'autre part, cette sympathie ou antipathie que chaque groupe de population éprouve pour la prononciation de certains sons, agit plus encore sur les voyelles que sur les consonnes, et augmente considérablement les variantes de structure d'un même mot. C'est sous cette influence que le son *h* de la racine *her* a parfois disparu, ou s'est changé en un autre son, et que, parfois aussi, sa voyelle a fait place à une autre voyelle, ou encore que le son de cette voyelle s'est fait sentir, tantôt avant l'articulation *r*, tantôt après. J'ai déjà eu l'occasion de faire remarquer que dans le nom de race de l'aristocratie des Touareg, commun à la race aryenne, le son *h* de *her* avait parfois disparu, et s'était parfois transformé en sons *ch, g, k* et *z*. Dans les noms de peuples et de personnes dérivés de *her*, on relève de semblables transformations phoniques, et en outre, le changement du son *h* en sons *f, v, p* et *s*, donnant lieu aux variantes *her, er, fer, ver, per, ker, cher, ger, ser* et *zer*, en dehors de celles qui peuvent résulter d'une modification de voyelles. Voici des exemples de permutation de sons, dans des mots dont la similitude ne fait aucun doute :

Suppression du son *h*.

tudesque,	*helme*,	—	provençal,	*elme*,	heaume.
id.	*hring*,	—	id.	*arangua*,	harangue.
id.	*herberge*,	—	id.	*alberc*,	auberge.

---

(1) Histoire ancienne de l'Orient, p. 335.

Permutation du son *h* et du son *f.*

espagnol,	*hermosa,*	—	latin,	*formosa,*	belle.
id.	*higado,*	—	italien,	*ficato,*	foie.
id.	*haraulé,*	—	portugais,	*faraulé,*	héraut.
berber,	*ahoular,*	—	berber,	*afoular,*	bouc.
id.	*ehouled,*	—	id.	*efouled,*	saluer.
id.	*tehousai,*	—	id.	*tefousai,*	beauté.

Permutation du son *h* et du son *v.*

berber,	*ehadh,*	—	berber,	*evadh,*	nuit.
id.	*tihali,*	—	id.	*tivali,*	brebis.

Permutation du son *h* et du son *k.*

latin,	*hiems,*	—	grec,	*keima,*	hiver.
id.	*horlus,*	—	vieux franç[ais], *curtil,*		jardin.
allemand,	*horn,*	—	français,	*corne.*	

Permutation du son *h* et du son *ch.*

v. français,	*herchier,*	—	français,	*chercher.*	
berber,	*ahel,*	—	berber,	*achel,*	jour.
id.	*tarahamt,*	—	id.	*tarachamt,*	maison.
id.	*ahoular,*	—	id.	*achoular,*	bouc.

Permutation du son *h* et du son *g.*

berber,	*agouhil,*	—	berber,	*agougil,*	orphelin

Permutation du son *h* en son *s.*

zend,	*haki,*	—	sanscrit,	*saki,*	ami.
armoric[ain],	*hen,*	—	armoricain,	*sen,*	vieux.
id.	*heol,*	—	id.	*séol,*	soleil.
id.	*hent,*	—	id.	*sent,*	sentier.
latin,	*hiems,*	—	berber,	*asemith,*	froid.
armoric[ain],	*halek,*	—	armoricain,	*salek,*	saule.

Permutation du son *h* en son *z.*

berber,	*arahar,*	—	berber,	*irzer,*	rivière.
sanscrit,	*heima,*	—	zend,	*zima,*	hiver.
berber,	*ahel,*	—	berber,	*azzel,*	courir.
id.	*ehi,*	—	id.	*izi,*	mouche.

Permutation du son *f* et du son *v*.

allemand, *fassal*,　　—　　français, *vassal*.

Permutation du son *f* et du son *p*.

allemand, *fell*,　　—　　latin,　　*pellis*, peau.
　id.　　*fisch*,　　—　　id.　　*piscis*, poisson.
　id.　　*fater*,　　—　　id.　　*pater*, père.
　id.　　*fus*,　　—　　grec,　　*pous*, pied.
　id.　　*fur*,　　—　　id.　　*pur*, feu.

Permutation du son *k* en son *ch*.

latin,　　*caritas*,　　—　　français, *charité*.
berber,　　*akelid*,　　—　　berber, *achelid*, roi.
　id.　　*nek*,　　—　　id.　　*nech*, moi.

Permutation du son *k* en son *g*.

berber,　　*akelid*,　　—　　berber, *aguelid*, roi.
　id.　　id.　　—　　id.　　*agelid*, roi.
　id.　　*kemel*,　　—　　arabe,　　*djemel*, chameau.
　id.　　*ikkat*,　　—　　berber, *iggat*, il frappe.

Permutation du son *k* en son *s*.

allemand, *keiser*,　　—　　latin,　　*cæsar*, titre de dignité.

Permutation du son *ch* en son *g*.

berber,　　*amacher*,　　—　　berber, *amager*, homme noble.

Permutation du son *ch* en son *s*.

berber,　　*échou*,　　—　　berber, *ésou*, taureau.
　id.　　*échink*,　　—　　id.　　*esink*, bouillie.

Permutation du son *ch* en son *z*.

berber,　　*ergech*,　　—　　berber, *ergez*, marcher.

Permutations de voyelles.

Les permutations de voyelles dans *her* et ses variantes sont fréquentes d'un dialecte à l'autre, et contribuent également à changer sa physionomie. Ainsi, l'ethnique F R N revêt les formes *Iforen. Ifran, Ifren,* suivant les voyelles jointes aux consonnes.

Du reste, la preuve que ces variantes de *her* avaient même sens, c'est qu'elles étaient en usage dans les dialectes aryens avec la signification commune d'homme de race pure, c'est-à-dire de race aryenne, et par extension de seigneur, maitre, noble. Tel est le sens de :

Héros, en grec ; — *herus,* en latin ; - *hère,* en vieux français, employé en mauvaise part, avec le sens de pauvre seigneur ; — *herse,* en scandinave, pluriel exprimé par un suffixe k, transformé dans la prononciation en son *s* ;

Ari, pluriel *aria,* en sanscrit ; — *aïri,* plur. *aïra,* en zend ; — *tiern* (1), en breton, variante au pluriel, à laquelle s'est agglutiné un article *t* ; — *earl,* en anglais, mot auquel s'est agglutiné une désinence *l* ; — *tory,* en anglais ; — *er,* en irlandais ; — *oior,* en scythique ; — *iarl,* en scandinave ; — *arimann,* en usage chez les Lombards. Ce mot est composé de *er,* variante de *her,* et de *mann,* que les Germains aimaient à joindre aux noms rappelant leur noble origine. De nombreuses controverses se sont élevées pour en fixer le sens. L'opinion la plus fondée est celle qui lui attribue la signification attachée à *her,* homme noble, seigneur, jouissant de tous ses droits sociaux (2).

Fear, en celtique ; — *fuéros,* en espagnol ; — *faro,* plur. *faron* en tudesque, et particulièrement en usage chez les Burgondes. Les Goths employaient dans le même sens le mot *frijai,* et les anciens germains, *frijé* (3). Le j du premier et le g du second proviennent d'un suffixe *k,* qui s'est adouci dans la prononciation. Notre mot *faraud,* dit en mauvaise part d'un homme qui se donne les airs d'un seigneur, par une mise recherchée, ou des vantar-

(1) Histoire de France. H. Martin, t. II, p. 31, 91
(2) Essai sur l'organisation de la tribu dans l'antiquité. Kontorga, p. 151.
(3) Id., p. 148.

dises de bravoure, se rattache à cette variante; — *fréo*, en anglo-saxon; — *fer*, en vieil irlandais; — *pharaon*, en égyptien;

Vira, en sanscrit; — *oir*, en latin; — *varo*, pluriel *varon*, en celtique, d'où le provençal *baro*, et le français *baron*; — *vér*, *véor*, en anglo-saxon; *war*, en tudesque. M. Koutorga définit ce mot : « Celui qui a le droit de se défendre par les armes, de prendre part au gouvernement, qui n'est soumis en aucune manière à qui que ce soit... la terre que possédait le *war*, à laquelle étaient attachés des privilèges s'appelait elle-même *wara*, *were*... (1) » A cette variante se rattachent les celtiques *ver*, demeure seigneuriale, et *vair*, fourrures dont les nobles seuls pouvaient faire usage. « Le roi, dit Sainte-Foix, distribuait deux fois par an des manteaux rouges *d'hermine*, ou de menu *vair* aux chevaliers qu'il retenait près de sa maison (2).

Puri, en sanscrit; — *por*, en kimrique; — *pairs*, *preur*, en français; — Peut-être doit-on rattacher à cette variante not e mot *éperons*, tige de métal, qui était primitivement un des signes distinctifs de la noblesse.

Kurios, en grec; — *quiris*, en latin; — *takour*, en hindoue. Le nom de l'ancien quartier aristocratique de Rome, *carines*, en dérive probablement, ainsi que le mot celtique *ker* demeure seigneuriale, le mot français *cour* demeure royale, et le tudesque *cor* demeure seigneuriale.

Sire, en français, primitivement synonyme de seigneur. « A la nouvelle de la captivité de Saint-Louis, et de son frère le duc d'Anjou, les Marseillais chantèrent des *Te Deum* et remercièrent Dieu de les avoir délivrés du gouvernement des *sires*. Ils employaient comme terme de dérision contre les princes français, ce mot étranger à leur langue (1). » — *Tsar*, en russe.

(1) Koutorga, p. 157 et 159.
(2) Dictionnaire Littré.

Les variantes phoniques de *her, er, fer, ver, per, ker, cher, ger, ser, zer,* ont donc bien même sens et sont un seul et même mot.

Formes grammaticales.

Les formes grammaticales diverses de *her* tendent aussi à différencier la structure des noms de peuples et de personnes qui en dérivent. *Her* a trois formes plurielles, suivant les dialectes, une en *a,* une autre en *our,* toutes deux placées avant la dernière articulation *r,* et une troisième en *n* placée après cette articulation, *har, hour, heren.* On relève souvent aussi *her,* composé avec un suffixe k, qui lui donne le caractère d'un ethnique, et qui, dans la prononciation, prend parfois les sons *ch, g, s, z,* d'où les variantes *herk, herch, herg, hers, herz.* Chaque langue a ses suffixes pour donner à un nom le caractère d'un ethnique, — le celtique emploie *ate, ète, ute;* — le grec, *oi, ai, ide;* — le latin, *i;* le plus en usage dans notre langue est *ien;* — et il arrive souvent que lorsqu'une langue s'approprie un ethnique étranger, elle greffe un de ses suffixes sur celui dont cet ethnique est déjà revêtu. Il en résulte une grande altération dans la structure de *her.* Ainsi, l'ethnique celtique *Pariz,* dont le suffixe *z* provient d'un adoucissement de prononciation du suffixe *k,* est devenu en latin *Parisii,* en grec *Parisioi* et en français, *Parisiens.*

Agglutination d'articles.

Des dialectes aryens faisaient usage d'articles t, th, qui s'incorporaient, comme en langue berbère, aux mots auxquels ils étaient joints. Ex : Troyens, Thraces. D'autres employaient comme articles *ar, l,* qui se sont agglutinés accidentellement. Ex : *Arvernes, Armorikes, Ligures.* M. Littré estime que nous tenons notre article *le* du latin *ille,* mais les mots auxquels il est resté agglutiné étaient d'un usage antérieur à la domination romaine, et témoignent qu'il était usité dans certains dialectes aryens, qui l'avaient sans doute emprunté à la langue sémitique. Nous avons en français de curieux exemples de l'agglutination récente. et toute fortuite, de l'article *le*. Ainsi, *lendemain, loriot, lierre, luette, alarme, alerte*, se disaient autrefois *endemain, ierre, uette, à l'arme, à l'erte*.

Redoublement de her.

Parfois, *her* est redoublé pour accentuer le sens de noblesse qui lui est attaché.

Adjonction d'autres noms.

Dans les noms de peuples et de personnes, *her* a le caractère d'un qualificatif, exprimant une idée de noblesse, et souvent on le relève joint à un autre nom, qui fait l'office de nom propre. Ex : *Aré-comikes, Aré-vaces*, etc.

Sémitisation de her.

Les Aryas et les Sémites ont vécu originairement côte à côte, et les dialectes aryens se sont imprégnés d'éléments sémitiques; ils ont substitué, par exemple, aux formes grammaticales aryennes, *her*, pluriel *heren*, les formes grammaticales sémitiques *hari*, pluriel *hara*. Des noms de tribus, en Algérie, nous offrent des exemples semblables de sémitisation. Ainsi, les ethniques berbers *Iflissen, Imzalen*, se transforment dans la bouche des Arabes, en *Flissa, Mzala*.

L'exemple le plus frappant de la sémitisation de *her*, dans les noms de tribus nobles, est celui de sa variante *ari*, pluriel *aria*, nom sous lequel se désignaient des essaims d'Aryas de l'Inde et de la Perse. M. Pictet l'a attribué à la race entière et la science en a consacré l'usage. Il est curieux de constater que les Aryas de l'Inde, dont la langue passe pour le rejeton le plus pur de la langue aryenne, parlaient un dialecte aryen sémitisé.

La sémitisation de *her* et de ses variantes a fait naître une autre série de noms de la même famille. Dans les langues sémitiques, lorsqu'un mot se termine par *a*, cette voyelle se change par euphonie en *et*, lorsqu'elle est suivie d'un autre mot commençant par une voyelle. La forme sémitisée *flissa*, par exemple, de l'ethnique berber *Iflissen*, prend la forme *flisset* dans les noms *flisset-oumelile, flisset-el-bhar.* C'est ainsi qu'*aria*, forme sémitisée de l'ethnique aryen *Iran*, s'est transformée en *Aret*, chaque fois qu'elle était suivie d'un mot commençant par une voyelle.

Puis, au fur et à mesure que les dialectes aryens, imprégnés d'éléments sémitiques, s'en sont dégagés sous l'influence de leur éloignement de leur berceau, où s'était produit leur contact avec les langues sémitiques, cette transformation de *a* en *et* est tombée en désuétude, et les pluriels *hert, ert, fert*, etc., ont été employés au singulier, en donnant lieu à un nouveau pluriel en *en*. Telle est l'origine de l'introduction d'un *t*, prononcé parfois *d* dans les noms de peuples dérivés de *her*, *Artéoi, Rutenu, Iraten.*

Les variantes *hert, ert, fert, vert, pert, kert*, etc., étaient également en usage dans les dialectes aryens avec le sens d'homme de race pure, c'est-à-dire de race aryenne, par extension, de seigneur, maître, noble, et aussi, avec des acceptions qui en dérivent. En voici des exemples :

Art, homme noble, en zend et en langue d'oïl ; — *lord*, titre de noblesse en anglais ; — *lart*, seigneur, en étrusque (1); — *iourte*, tente à l'usage exclusif de la noblesse, en turcoman (2).

---

(1) Revue des Deux-Mondes. L'histoire romaine à Rome. Ampère.

(2) Revue des Deux-Mondes, 15 mai 1885. Le pays des Turcomans.

Ferté, demeure seigneuriale.

Porte, sublime-porte, nom que les Ottomans donnent à la *cour* du Sultan. On a expliqué ainsi l'étymologie de ce mot : Mostasem, le dernier des kalifes abbassides, ayant fait enchâsser sur le seuil de la principale porte de son palais, à Bagdad, un morceau de la célèbre pierre noire que les fidèles adorent dans le temple de la Mecque, cette porte si vénérable devint la porte par excellence, et, depuis, cette dénomination s'est étendue à l'empire des Ottomans. Je pense qu'il est plus exact de voir dans ce mot une variante de *her*, synonyme de notre mot *cour*, qui a lui-même même origine et même sens.

Court, demeure seigneuriale, en tudesque ; — *cortès*, en espagnol, assemblée dont ne faisaient partie primitivement que les seigneurs, et actuellement, assemblée représentative.

Les traces qu'on relève dans les dialectes aryens de *her*, avec le sens d'homme de race pure, c'est-à-dire de race aryenne, seigneur, maître, noble, sont donc nombreuses, et comme ce mot est complètement étranger aux dialectes berbers, il ne peut avoir par suite qu'une origine aryenne dans les noms de peuples et de personnes du pays berber.

Noms de peuples dérivés de HER.

Les noms de peuples recueillis par l'histoire sont des noms de tribus nobles, devenues prépondérantes dans la confédération à laquelle elles appartenaient. Les tribus nobles avaient deux noms : l'un qualificatif. *her*, exprimant leur condition sociale, l'autre propre, servant à les distinguer entre elles. Il est très difficile, sinon impossible de fixer le sens des noms propres, mais c'est sans intérêt, parce que la plupart des noms de peuples sont des noms qualificatifs, formés avec *her* ou ses variantes. Voici ceux que j'ai relevés :

Hyrnétes, Grèce ; ils dominaient dans l'île Egine, lorsqu'ils ont été renversés par les Doriens, autre peuple aryen ; — *Haracta*, puissante confédération de l'Algérie ; — *Heroucha*, Syrie ; une inscription de la fin de la IVe dynastie égyptienne, mentionne une guerre contre les *Héroucha* de la Syrie, qui avaient envahi la vallée du Nil ; — *Hyrcaniens*, Perse, peuple qui habitait le long de la côte sud-est de la mer Caspienne ; — *Hérules*, Sarmatie, ce peuple apparaît pour la première fois dans l'histoire au IIIe siècle de notre ère. L'*l* finale de ce nom, qu'on relève dans d'autres ethniques, *Turduli*, par exemple, a sans doute même origine que celle du scandinave *iarl* et de l'anglais *carl*, mots qui signifient l'un et l'autre, homme noble.

Aïr, confédération de tribus nobles des Touareg ; — *Loures*, tribu de la confédération des Kurdes, qui habitent dans les montagnes à l'est du Tigre ; — *Eri*, peuple de l'Irlande. La vraie forme de ce nom se retrouve dans celui de l'Irlande, *Erin* ; — *Iron*, nom sous lequel on désigne également les Ossètes du Caucase ; — *Erna*, tribu de l'Irlande ; — *Ouarnes*, tribu de la Germanie ; — *Arnaoutes*, Vieille-Serbie ; — *Ornéates*, Grèce. « Le pouvoir des Doriens s'étendait à Argos sur les Ornéates. » C'est une preuve que la conquête de la Grèce par les Doriens a eu pour effet de la faire passer sous la domination d'une autre aristocratie aryenne ; — *Tornéates*, peuple de l'Aquitaine ; — *Turcs*, Turkestan ; ce petit peuple a fondé un des plus vastes états du globe ; — *Etrusques*, Italie ; — *Touareg*, Grand-Désert. L'aristocratie des Touareg a perdu la tradition de ce nom, au point de le considérer, dit-on, comme un surnom injurieux que leur donnent les Arabes. Elle se nomme elle-même *Imohar*, mais le nom de *Touareg* a dû lui appartenir aussi comme nom de tribus nobles, à en juger par sa structure, analogue à celle de *Turcs* : — *Argiens*, Grèce ; — *Rugiens*, des bords du Danube ; — *Russes* ; ce nom n'apparaît qu'à partir du IXe siècle de notre ère ;

— *Aorses*, nom sous lequel les *Alains* se désignaient parfois eux-mêmes ; — *Thraces*, peuple qu'Hérodote désigne aussi sous le nom de *Treikes*, ce qui prouve bien que le son *c* dans Thraces, prononcé *s*, provient d'une transformation phonique du suffixe *k*; — *Troyens*, en grec, *Troès*; — *Jurx*, Scythie.

Ifran, Maroc, tribu de la confédération des Amazir ; — *Iforen*, Maroc, des environs de Fez, tribu aujourd'hui éteinte ; — *Ifren*, Algérie, tribu aujourd'hui éteinte ; — *Frikat*, Algérie, tribu de la Grande Kabylie. Elle est sans doute un débris de la confédération de tribus aryennes, que les chroniques musulmanes ont personnifiée sous le nom d'Ifrikos, et qui a conquis la contrée à laquelle elle a laissé son nom, *Ifrikia*, contrée qu'on a assimilée à la Tunisie actuelle ; — *Franks*, Germanie. Cette confédération s'appelait primitivement *Frak*. « Il paraît, dit Aug. Thierry, que dans les dialectes de quelques-unes des peuplades qui formaient la confédération franke, le nom de l'association se prononçait sans *n*, et qu'on disait Frak au lieu de Frank (1) ». L'illustre historien estime que cette dernière forme vient de l'addition d'un *n* euphonique. Son opinion est corroborée par le fait que les ethniques aryens dérivés de *her* sont, au pluriel en *a*, en *our* ou en *n*, ou formés avec le singulier de *her* et le suffixe *k*.

Au sujet du sens qui s'attachait au nom de *Frank*, M. Augustin Thierry s'exprime ainsi : « Les écrivains modernes s'accordent à donner au nom des Franks la signification d'*hommes libres*, mais aucun témoignage ancien, aucune preuve tirée des racines de l'idiome germanique ne les y autorisent. Cette opinion née du défaut de critique et propagée par la vanité nationale, tombe dès qu'on examine historiquement les différentes significations dont le nôtre

---

(1) Dix ans d'études historiques. Aug. Thierry. p. 281.

est dérivé, et qui, dans notre langue actuelle, exprime tant de qualités diverses. C'est depuis la conquête de la Gaule, et par suite de la haute position sociale acquise dans ce pays par les hommes de race franke, que leur vieille dénomination prit un sens correspondant à toutes les qualités que possédait ou prétendait posséder la noblesse du moyen-âge, comme la liberté, la résolution, la loyauté, la véracité (1). »

Ce n'est pas la conquête de la Gaule qui a fait la noblesse des Franks ; ils étaient une aristocratie de race, comme en témoignent leurs caractères physiques, qui les rattachent à la race blonde, à taille élevée, c'est-à-dire à la race aryenne, leur condition sociale qui en faisait des *tribus dominantes*, et aussi leur nom, qui, une fois dépouillé de son suffixe *k* et de sa consonne euphonique *n*, se rattache, au contraire, à une foule de racines germaniques, voulant dire *homme noble*. Est-ce que *faron*, dont le singulier est *faro*, n'était pas le titre de noblesse des seigneurs germains ? Frank signifie, comme son congénère *faron*, les hommes de race pure, c'est-à-dire de race aryenne, les hommes nobles, et non point les hommes libres. Libres, ils l'étaient, mais cette expression appartient plus exactement à la classe des hommes libres, qui n'étaient point nobles et qui occupaient une place intermédiaire entre les nobles et les serfs, ainsi les Franks étaient des hommes nobles et libres, les Leudes étaient des hommes libres, mais non nobles. — *Phrygiens* ; ce nom est analogue au précédent Frak, et n'en diffère que par une prononciation adoucie du suffixe *k*. On suppose que les Phrygiens, qu'on rattache aux Thraces, occupaient d'abord la Macédoine, et qu'ils passèrent ensuite en Asie. Il est sans doute plus exact de supposer qu'il y eût, à des époques différentes, des Phrygiens en Macédoine et en Asie. En géné-

(1) *Récits des temps mérovingiens.* Aug. Thierry, p. 46.

ral, on fait beaucoup trop voyager les peuples. Leur assiette sur le globe remonte à la plus haute antiquité, et n'a varié depuis que très accidentellement. Ce sont les noms de peuples qui s'éteignent, ou naissent soudainement à la vie politique, mais les peuples eux-mêmes se perpétuent sur place sous d'autres dénominations. — *Ferdjioua*, confédération de tribus de l'Algérie ; le *dj*, dans ce nom, est sémitique et s'est substitué à un *g* aryen ; — *Ifourass*, tribu noble des Touareg ; — *Ifraoussen*, tribu de la Grande Kabylie. Ce nom a dû se prononcer primitivement Ifraouss, présentant une analogie complète de structure, sinon d'euphonie, avec le nom précédent *Ifourass*. Postérieurement, un pluriel en *n* s'est greffé sur le suffixe *k*, prononcé *s* ; — *Frisii*, peuple de la Germanie. Ces peuples, qui prononçaient *fer* la racine *her* de leurs noms, devaient former une branche de la race aryenne, et leur éparpillement en Asie, en Europe et en Afrique, montre bien que l'invasion aryenne s'est produite, non par des migrations en masse de tribus, mais par des bandes composées d'éléments de toutes les tribus.

Avares, cette confédération n'apparaît dans l'histoire que vers l'an 557. Son nom, ses caractères physiques, son état nomade, indiquent qu'elle était composée de tribus nobles ; — *Varini*, confédération de la Germanie ; — *Arvernes*, peuple de la Gaule. Leur nom signifierait, d'après quelques savants : *les habitants des hauts plateaux*. Sa racine *ver*, variante de *her*, et le grand rôle que les Arvernes ont joué en Gaule, concourent à assigner à leur nom la signification d'*hommes nobles* ; — *Varasques*, peuple de la Gaule ; — *Varègues*, peuple de la Scandinavie. C'est à la tête de quelques Varègues que Rurik, appelé par les habitants de Novgorod pour les gouverner et faire taire leurs rivalités, étendit peu à peu sa domination sur toute la Russie, vers l'an 862. On a fait dériver le nom de ce peuple de l'allemand *warg*, banni. Cette opinion est absolument erronée. *Varéyues* signifie : les hommes nobles, c'est-à-dire de race aryenne ; — *Verucini*, peuple de la Gaule. Ce nom est également un exemple du pluriel *n*, greffé après coup sur le suffixe *k* ; — *Vargas*, groupe de population de la province de Tolède, Espagne.

Pourou, nom que se donnaient des essaims aryens de l'Inde, tandis que d'autres s'appelaient *Aria* ; l'un et l'autre nom ont même racine et même sens ; — *Perses*, nom d'une tribu, qui a été étendu par les étrangers à toute la nation ; — *Parisii*, peuple de la Gaule, mentionné pour la première fois dans les Commentaires de César. « Le moyen-âge inventa une origine troyenne à ce nom devenu célèbre. Francus, fils d'Hector, aurait fondé Troyes en Champagne et une ville dans une île de la Seine, à laquelle il appliqua pieusement le nom de son oncle Pâris... Au XVIᵉ siècle, une érudition grecque un peu plus avancée, et le désir de trouver dans une étymologie la consécration d'un droit bien cher à nos compatriotes, firent imaginer que *Paris* venait du grec *parrésia*, signifiant *franc-parler*, chose autant propre à une nation quelconque qu'aux Parisiens (1). » Une autre étymologie est encore donnée du nom de Paris. Dès l'époque de Tibère, une corporation puissante, les Nautæ Parisiani, avait le monopole des transports de la Seine. Des savants en conclurent que le temple d'Isis, qui avait été consacré à la patronne de ces navigateurs, se trouvait être l'origine de leur nom. Les auteurs anciens nomment quelquefois le vaisseau d'Isis *psaris, baris*, on supposa que le vaisseau de cette divinité, dont la fête était très populaire, devint le drapeau, le symbole des *Nautæ Parisiani*, qui en reçurent leur nom (2). Ces éty-

---

(1) La France illustrée. Malte-Brun. Département de la Seine. p. 9 et 10.

(2) Congrès provincial des Orientalistes français. Egyptologie. 1ᵉʳ bulletin, 2ᵉ volume, p. 387.

mologies n'ont absolument aucune valeur, et pour s'en convaincre, il suffit de remarquer qu'il y avait aussi un autre peuple de même nom, *Parisii*, dans les Iles-Britanniques, et qu'elles ne s'appliquent pas à l'un et à l'autre ; — *Porussii*, confédération slave, qui a pris possession, à la chute de l'empire des Goths, du territoire devenu le noyau de la Prusse.

Cariens, Grèce, fraction des Pélasges ; — *Courètes*, Grèce, fraction des Pélasges ; — *Coraniens*, Iles Britanniques ; — *Carnes*, Italie ; — *Carnutes*, Gaule.

Echeroniens, île de Samos ; — *Echerioniens*, Libye, à sept journées de Thèbes ; — *Chérusques*, peuple de la Germanie.

Azgar, confédération de tribus nobles des Touareg. Ce nom se compose d'*az*, transformation phonique d'*ag*, gens, et de *gar*, nobles ; — *Ahaggar*, confédération de tribus nobles des Touareg. Ce nom est composé de *ahag*, synonyme d'*az*, *ag*, et de *gar*, pluriel de *ger*. Il ne diffère d'Azgar que par la prononciation ; — *Idjar*, tribu de la Grande Kabylie ; — *Igour*, nom que se donnaient les Hongrois ; — *Ligures* ; il y avait des Ligures en Gaule, en Espagne, dans les Iles-Britanniques, en Germanie, en Pannonie, et jusque dans l'Asie-Mineure. C'était une grande branche de la race aryenne à laquelle se rattachaient les aristocraties des Huns et des Hongrois, les *Ounou-gour*, les *Outi-gour*, les *Koutri-gour*, les *Sarre-gour*, les *Igour*. Etienne de Byzance prétendait que les Ligures, qui habitaient le long de la Méditerranée, depuis les Alpes jusqu'à l'Apennin, avaient reçu leur nom d'un fleuve du même nom qui traversait leur pays. Pelloutier pensait que le nom de *Ligures* ou de *Lygies*, qu'on leur donne aussi quelquefois, mais qui est une altération d'origine grecque, désignait les peuples qui avaient cessé leur ancienne vie errante, et étaient devenus sédentaires, sens qu'aurait en tudesque le mot *ligen, liger*

(1). M. d'Arbois de Jubainville a rattaché *ligures* à la racine sanscrite *ragh* ou *lagr*, signifiant *courir, se hâter*, de sorte que ce nom signifierait *celui qui va vite, celui qui marche en avant*, sens qui répond à l'idée que les Ligures sont les premiers essaims aryens qui ont envahi l'Europe. Ces étymologies sont par elles-mêmes contradictoires, tandis qu'en dépouillant ce nom de l'article *l* qui s'y est agglutiné, et en voyant dans *gures, gour*, le pluriel de *ger*, variante de *her*, on constate qu'il veut dire : les hommes de race pure, c'est-à-dire de race aryenne, sens qui convient à tous les noms de « Ligures » disséminés en Europe, et qui rentre dans la loi générale qui a présidé à la formation des noms de peuples.

M. Amédée Thierry a vu dans les Ligures d'Espagne des *Ibères* ; M. Roget de Belloguet, une race antérieure à la race ibérienne, et M. d'Arbois de Jubainville les rattache aux *Indo-européens* ou *Aryens*, en supposant qu'ils ont précédé les Celtes en Europe. En réalité, les Ligures, que l'on envisage ceux de la Gaule, de l'Espagne, ou de tout autre pays, comprenaient des tribus nobles de race aryenne, auxquelles s'appliquait exclusivement le nom de Ligures, et des tribus serves aborigènes du sol, qui présentaient, d'une contrée à l'autre, toutes les variétés de la race blanche.

Tigurin, peuple de l'Helvétie ; — *Tigrin*, tribu de l'Algérie ; le *t* initial de ces deux noms, qui appartiennent à la même variante de *her*, fait l'office d'un article. — *Grecs*. « Ce nom, dit M. Duruy, eut la même fortune que celui d'Italie ; tous deux voyagèrent d'une extrémité à l'autre de la péninsule qu'ils servirent plus tard à désigner tout entière. Un petit canton de l'Epire s'appela d'abord ainsi, mais ce mot gagna de proche en proche et s'étendit peu à peu sur la Thessalie, les pays au sud des Thermopyles et le Péloponèse. Dans la suite, il comprit encore l'Epire, l'Illyrie jusqu'à Epidamme, enfin la Macédoine. Par une autre singularité, le nom de Grèce était inconnu à la Grèce. Elle s'appelait elle-même Hellas, le pays des Hellènes. Nous ignorons les motifs qui ont fait prévaloir le nom de *Grœcia* dans la langue romaine (1). Quoi qu'il en soit, la grande fortune qu'eut ce nom concourt avec sa structure, à en faire celui d'une confédération de race aryenne » ; — *Grusiens*, Georgie; — *Géorgiens*, Gurdjistan.

Saïres, peuple des bords du Danube ; — *Céréziens*, Germanie.

Zaïres, tribu du Maroc ; — *Zeir* (Ouled), tribu de l'Algérie ; — *Zirides*, tribu du Maroc.

Les noms de peuples dérivés de *her*, qui nous sont parvenus sémitisés, sont nombreux, surtout en Afrique. Je me bornerai à citer les noms des *Aryas* de l'Inde, et des *Arii* de la Germanie, et quelques autres noms dans lesquels s'est introduit un *t*, prononcé parfois *d*, à la suite de leur sémitisation. Tels sont :

Artéoi, nom sous lequel Hérodote désigne les Perses ; — *Ardiaioi*, tribu de l'Illyrie ; — *Rutenu*, peuple de la Syrie ; une inscription égyptienne a conservé le souvenir d'une victoire remportée par Séti Ier, de 1455 à 1404, sur les *Rutenu* de la Syrie ; — *Aït-Iraten*, confédération de tribus de la Grande Kabylie, Algérie ; — *Orétani*, Espagne ; — *Ruthéniens*, Russie ; — *Ruténes*, Gaule ; — *Ourtan*, Tunisie ; — *Rutules*, Latium ; — *Redons*, Gaule ; — *Rut*, Egypte, nom que se donnaient primitivement des aristocraties de l'Egypte et auquel on a assimilé le *Lud* de de la Genèse, fils de Misraïm; — *Parthes*, ce petit peuple a fondé, en l'an 255 avant notre ère, sous le commandement d'Arsace, un vaste empire de la Haute-Asie, qui prit fin en l'an 226 de notre ère ; — *Bretons*, Gaule et Iles-Britanni-

(1) Histoire grecque. V. Duruy, p. 1.

ques. Pythéas est le premier auteur qui, au IVe siècle avant notre ère, se soit servi de ce nom. Le son primitif *p* dans Bretons, se retrouve dans le nom de Prydain, donné à la Bretagne, dans le Mystère des Bardes ; — *Cardukes*, peuple cité dans la retraite des Dix-Mille, qui habitait aux sources du Tigre ; — *Grudiens*, Gaule ; — *Gorduniens*, Belgique ; — *Quirites*, Latium. Cette aristocratie s'est fondue avec la population de Rome, et a été le noyau de la classe qui jouissait des priviléges attachés au titre de citoyen ; — *Quariates*, peuple de la Gaule Narbonnaise, cité par Pline ; — *Sardes*, tribu qui a donné son nom à la Sardaigne ; — *Sordons*, tribu de la Gaule qui habitait les Pyrénées-Orientales. C'est elle qui consentit à recevoir Annibal en hôte, et à lui laisser le passage libre, à la condition que pas un soldat de son armée ne pénétrerait dans les villes ; — *Sardanones*, tribu d'Espagne.

J'ai dit que des peuples portaient des noms dérivés de *her*, dans lesquels *her* était redoublé pour accentuer l'idée de noblesse attachée à son sens. Voici quelques-uns de ces noms, dont la racine *er*, variante de *her*, a été redoublée : *Ouraren*, tribu noble des Touareg ; — *Raurak*, tribu qui occupait le territoire de Bâle ; — *Tréres*, peuple d'Europe qu'on rattache aux Thraces ; — *Traras*, confédération de tribus berbères de l'Algérie.

Des peuples joignaient parfois à leur nom qualificatif *her*, un autre nom faisant l'office de nom propre. En voici des exemples :

Héra-clides, Grèce, Macédoine, Lydie et Assyrie ; — *Hirpini*, Italie ; — *Ther-vinges*, Gothie ; — *Ari-zantes*, Médie ; — *Ari-maspes*, Scythie ; — *Aré-comikes*, Gaule ; — *Arécaces*, Espagne. Cette tribu faisait partie de la confédération des *Convenœ*, qui a été internée par Pompée, l'an 72 avant notre ère, au confluent de la Garonne et de la Nesle ; — *Tera-hites*, tribu de la Chaldée, à laquelle appartenait Abraham ; — *Tri-balles*, tribu des Thraces ; — *Tri-bocci*,

Germanie. Cette tribu a fondé un établissement en Gaule, dont le centre était Strasbourg ; — *Our-cif, Our-fel, Our-iagol, Our-koul,* etc., tribus berbères citées par Ibn-Khaldoun ; — *Ripu-arii, Chattu-arii, Chasu-arii, Boio-arii,* tribus germaines (1) ; — *Aul-erci-Brannovices, Aul-erci-Cénomani, Aul-erci-Diablintes, Aul-erci-Eburovices,* tribus gauloises ; — *Fer-galéon, Fer-bholg,* tribus de l'Irlande ; — *Amsi-varii, Angri-varii, Vidi-varii,* tribus germaines (2) ; — *Ver-agres,* Gaule ; — *Curio-solites,* Gaule ; — *Ounou-gour, Outi-gour, Koutri-gour, Saro-gour,* tribus de la confédération des Huns ; — *Akat-sires,* Scythie ; — *Sar-mates.* « Les Sauromates ou Sarmates, observe Pelloutier, sont connus encore aujourd'hui sous le même nom ; ce nom sert à désigner tous les peuples qui parlent la langue esclavone, les Moscovites, les Polonais, les Bohémiens, les Vénètes et plusieurs autres (3). » On distinguait parmi les Sarmates plusieurs peuplades, sous les noms de Sarmates *royaux* et de Sarmates *iaziges* ; cette distinction se rapporte sans doute à leur division en tribus nobles et en tribus serves ; — *Amil-zoures, Alpi-zures,* tribus des bords du Danube ; — *Ourt-adjen, Ourt-ilan, Ourt-Nadja, Ourd-igha, Ourd-ighouss,* etc., tribus berbères citées par Ibn-Khaldoun.

Sous tous ces noms, dérivés de *her,* il convient de voir les aristocraties des peuples qu'ils désignent. Si on les dépouille de leurs transformations phoniques, de leurs formes grammaticales diverses, de leurs superpositions de désinences, des agglutinations d'articles et des noms faisant l'office de noms propres, dont ils sont parfois composés, on met en évidence leur racine commune *her,* et on reconnaît facilement qu'ils sont un seul et même nom

(1) Koutorga. p. 151.

(2) Koutorga. p. 150.

(3) Pelloutier. Histoire des Celtes, t. I, p. 250.

voulant dire : les hommes de race pure, c'est-à-dire de race aryenne, et par extension, les tribus nobles.

Ces tribus nobles, disséminées dans l'Asie occidentale, l'Europe et l'Afrique septentrionale, qui portaient des noms dérivés de *her*, étaient donc sœurs, de même race. Elles avaient conservé longtemps le souvenir de leur consanguinité. Ainsi, Hérodote rapporte que les Maxyes d'Afrique, nom qui a été assimilé à celui d'Imaziren, dont la racine est *zer*, variante de *her*, se disaient issus de sang troyen (1). Varron attribuait une même origine aux patriciens romains (2), les Quirites. Lucain dit dans la Pharsale, que les Arvernes élevaient la même prétention : « Ô Arvernes ! vous qui osez vous dire de la race latine, issus comme elle de sang troyen. » Nos chroniqueurs du moyen-âge sont d'accord pour faire descendre aussi les Franks (3) des Troyens. « La croyance commune au XII⁰ siècle, dit Aug. Thierry, était que la nation française descendait en masse des Franks, mais les Franks, d'où les faisait-on venir ? On les croyait issus des compagnons d'Enée ou des autres fugitifs de Troie, opinion étrange, à laquelle le poème de Virgile avait donné sa forme, mais qui, dans le fond, provenait d'une autre source, et se rattachait à des souvenirs confus du temps où les tribus primitives de la race germanique émigrèrent d'Asie en Europe, par les rives du Pont-Euxin. Du reste, il y avait sur ce point unanimité de sentiments, les clercs et les lettrés, ceux qui pouvaient lire Grégoire de Tours et les livres des anciens, partageaient la conviction populaire (4). »

---

(1) Hérodote, IV, 191.

(2) Revue des Deux-Mondes, 15 sept. 1883. La Légende d'Enée. Gaston Boissier, p. 306.

(3) Dagobert s'honorait d'être de leur sang, et Charles le Chauve invoquait la même généalogie. Revue des Deux-Mondes, 1ᵉʳ décembre 1874, p. 714.

(4) Récits des temps mérovingiens, I, p. 17.

« Quand Rome, après les désastres de la seconde guerre punique, demanda aux habitants de Pessinoute de lui céder la statue de la mer des dieux, qui devait lui ramener la fortune, elle ne manqua pas de rappeler que ses ancêtres étaient Phrygiens de naissance, et par conséquent leurs compatriotes (1). »

Virgile, se faisant certainement l'écho de traditions populaires de son temps, fait dire aux compagnons d'Enée qu'ils ont trouvé un allié dans Aceste, roi de Sicile, qui est issu de sang troyen, — et à la reine de Carthage, que Teucer, prince d'une des îles de la Grèce, réfugié à sa cour, se réclamait de la même descendance.

Or, les Maxyes d'Afrique, les Quirites de Rome, les Arvernes de la Gaule, les Troyens et les Phrygiens d'Asie étaient, en effet, des aristocraties de même race, dont les noms avaient même racine et même sens. Ces traditions étaient donc fondées. Elles n'en ont pas moins été traitées de fables par les historiens modernes et jugées indignes d'arrêter leur attention. M. Augustin Thierry lui-même, qui avait eu l'intuition que la tradition des Franks n'avait rien de commun avec la légende d'Enée, et qu'elle remontait à l'invasion aryenne, ne lui accorde aucun crédit. « Une science nouvelle, dit-il, se fonda et entra en lutte avec les opinions partagées par des traditions vagues et par la lecture de chroniques fabuleuses ou complètement inexactes. La plus générale de ces opinions, et en même temps la moins solide, celle de l'origine troyenne des Franks, fut la première attaquée et ne put se soutenir, quoiqu'il y eut en sa faveur une sorte de résistance populaire (2). »

C'est à tort que la science moderne a méconnu la valeur de ces traditions qui, comme tant d'autres, étaient erro-

(1) Revue des Deux-Mondes, 15 septembre 1883. La légende d'Enée. Gaston Boissier.

(2) Récits des Temps mérovingiens, t. I, p. 28.

nées dans la forme, mais vraies dans le fond. Seulement, pour démêler l'un de l'autre, il aurait fallu savoir que le monde aryen présentait une dualité sociale absolue, qu'il avait embrassé l'Afrique septentrionale et la presque totalité de l'Asie-Mineure. Elle aurait facilement reconnu alors que ces traditions ne s'appliquaient qu'à des aristocraties et non à des peuples entiers. Aussi, un écrivain a-t-il fait remarquer avec raison que souvent « c'est une crise pour les vieux récits que le moment où les savants s'emparent d'eux et entreprennent de les rendre plus clairs et plus sages. »

Noms de personnes nobles dérivés de HER.

Les personnes nobles avaient également deux noms, comme les tribus nobles, l'un qualificatif et l'autre propre. Le premier dérivait aussi de *her* ou de ses variantes. Il est à remarquer qu'il est tantôt au singulier, tantôt au pluriel, ou composé avec le suffixe *k*, affectant le caractère d'un ethnique. Cette dernière forme montre que dans l'antiquité, la personnalité de l'homme disparaissait souvent devant celle du clan auquel il appartenait. C'est sans doute ainsi qu'il faut comprendre les noms des trois Horaces et des trois Curiaces ; ils indiquaient que dans chaque groupe ces guerriers étaient du même clan, et non frères par le sang.

M. Lenormant dit, au sujet des noms du tableau du chapitre X de la Genèse : « On a soutenu que c'étaient primitivement des noms d'hommes, et qu'il y avait là non une liste de peuples, mais une généalogie proprement dite des premiers ancêtres dont ces peuples sortirent. La forme même des noms constituant la liste ne permet pas une semblable interprétation. Le plus grand nombre d'entre eux ne sont pas au singulier, comme c'est l'habitude constante pour les noms propres d'hommes ; ils ont la forme du pluriel en *im*. Ce sont donc des appellations plurielles, qui désignent une collectivité ethnique, et non le patriarche d'où on la regardait comme descendue (1). » Le grand nombre de noms de personnes nobles, qui sont au pluriel, ou ont le caractère d'un ethnique, infirment cette opinion. Il est facile de les reconnaître à leur finale *n* ou *k*, transformée parfois en sons *g*, *s*, *z*. Voici une série de noms de personnes, dont *her* est la racine, ou ses variantes :

Hor, nom commun aux rois égyptiens qui ont précédé Ménès ; — *Hyriée*, roi de Grèce (2) ; — *Hiram*, roi de Tyr l'an 1066 avant J.-C. L'*m* final accuse un pluriel sémitique ; — *Hiéron*, il y eut deux rois de ce nom à Syracuse, l'un vers l'an 418 avant J.-C., l'autre vers l'an 279 ; — *Hérénius*, patricien romain ; — *Taharaka*, pharaon de la XXIVe dynastie ; — *Horik*, roi danois, 845, qui entra dans l'Elbe avec six cents voiles et brûla Hambourg ; — *Horca*, chef magyare, à l'époque de l'invasion hongroise ; — *Horsa*, prince saxon qui fonda le royaume de Kent ; — *Hirnax*, fils d'Attila. Un *n* euphonique s'est introduit dans ce nom, qui devait se prononcer primitivement Hirax, comme Frank se prononçait Frak.

Aréos, roi de Sparte, l'an 273 avant J.-C. ; — *Ariœa*, chef persan du temps de Cyrus ; — *Darius*, roi de Perse. La consonne initiale *d* provient de la prononciation adoucie d'un *t*, faisant l'office d'article. Darius se nommait Codomane avant de monter sur le trône, et, à ce moment, il laissa ce nom propre pour prendre le nom qualificatif de *darius*. D'après Klaproth, les grands chefs militaires des Ou-Sun, aux yeux bleus, à la barbe rousse, qui campaient vers l'an 175 avant J.-C., au nord des Monts-Célestes, et que plusieurs indices désignent comme des Aryas, portaient le titre de *darou* ; — *Luern*, roi des Ar-

(1) Histoire ancienne de l'Orient, p. 264.
(2) Koutorga, p. 102.

rernies ; — *Arogus*, roi de Perse, l'an 338 avant J.-C. ; — *Roch*, nom d'homme relevé sur une inscription néo-punique, aux environs de Chercholl, et ainsi traduite par M. J. Derenbourg : « Un souvenir pour la femme bonne, intelligente ! a élevé ce monument, Roch, fils d'Abdas Chemoun, fils d'Azroubaal, à sa mère, à cause de son affliction. » — *Uraca*, fille du roi Alphonse (1078-1090) ; mariée à Raymond, fils du comte de Bourgogne, qui était allé en Espagne combattre les Maures ; — *Ourak*, fille d'Alphonse IX, roi de Castille. Ce roi désirait la donner en mariage au fils du roi de France, Louis VIII, surnommé Cœur-de-Lion, mais Philippe-Auguste ne voulut pas pour son fils d'une princesse portant un nom si barbare, et fit écrire au roi Alphonse qu'il préférerait sa fille cadette, la princesse Blanche, qui devint la mère de Saint-Louis. Ce nom d'*Ourak*, signifiant de race pure, noble, n'eût pas paru sans doute si barbare à la cour de France, si on en eût connu le sens ; — *Ariok*, roi iranien ; — *Ourak*, roi de la Vieille-Serbie ; — *Eric*, nom commun à plusieurs rois de Suède et de Norwège, pendant les IXe et Xe siècle de notre ère ; — *Eurik*, roi des Wisigoths, 466-484 ; — *Tarik*, chef berber, qui a commandé la première armée musulmane qui envahit l'Espagne.

Afra, fils de Dejocès, roi des Mèdes ; — *Faro* et *Fara*, noms d'un fils et d'une fille d'un Franc, Agnéric, chez lequel Saint-Colomban reçut l'hospitalité ; — *Firmus*, fils de Nubel, roi berber vers l'an 364 de J.-C. Dans ce nom, *us* est une désinence latine, et l'*m* accuse un pluriel sémitique ; — *Tacfarinas*, chef numide, vers l'an 17 de notre ère. Dans ce nom, le *t* initial fait l'office d'article, et le mot *ac*, transformation phonique d'*ag*. signifie *fils* ; — *Phoroneus*, ancêtre mythique des Pélasges ; — *Phéron*, fille de Sésostris ; — *Pharaon*, titre commun aux rois d'Egypte ; — *Ifricos*, désigné par les chroniques arabes comme le chef d'une armée qui envahit l'Afrique ; — *Firouz* ou *Pe-*

rozes, roi de Perse ; — *Fergus*, fondateur de la monarchie en Ecosse ; il passa pour être le fils d'Alvilde, fille de Frode III, roi de Danemark ; - *Féricius*, personnage berber, qui a joué un rôle dans l'insurrection de Firmus contre la domination romaine, vers l'an 373 de notre ère.

Porus, roi de l'Inde, qui défendit contre Alexandre le passage de l'Hydaspes ; — *Pyrrhus*, roi d'Epire ; — *Pâris*, fils de Priam ; — *Pyrias*, général grec, cité dans la Retraite des Dix-Mille ; *Persée*, roi de Macédoine.

Créon, archonte, Grèce, l'an 684 avant notre ère ; — *Carandus*, roi de Macédoine, l'an 807 avant J.-C. ; - *Krok*, roi de Bohême, dans la seconde moitié du VIIe siècle ; — *Lycurgue*, législateur de Sparte, l'an 898 avant J.-C. ; — *Cosroès*, roi de Perse ; un autre du même nom fut roi des Parthes, l'an 108 de J.-C. ; — *Coréus*, chef bellovaque, qui se montra un énergique ennemi des Romains.

Agron, le premier des Héraclides, qui régna sur Sardes ; — *Tigrane*, nom commun à plusieurs rois de l'Arménie ; — *Gorgus*, roi de Salamine ; — *Gracques*, patriciens romains.

Cyrus, roi de Perse. Ce nom est une corruption de *Cosroès*, titre que portaient les rois de Perse ; — *Siroès*, fils aîné du Khakan perse Cosroès, l'an 622 de notre ère.

Dans quelques noms de personnes, la racine *her* est redoublée. Tels sont : *Ariarath*, nom porté par dix princes qui régnèrent en Cappadoce, de l'an 370 à l'an 92 avant J.-C. ; — *Rurik*, chef scandinave, fondateur de l'empire russe ; — *Ariaric*, roi des Goths.

Des noms de personnes sont également formés avec la racine *her*, à laquelle s'est incorporé un *t*, prononcé parfois *d*, d'origine sémitique. Exemples :

Ouordha, chef touareg cité par Barth ; — *Rœtus*, roi des Etrusques ; — *Aratus*, chef de la ligue achéenne, vers l'an 272 avant notre ère ; — *Jugurta*, roi numide ; le mot *jug*, qui entre dans la composition de ce nom est une altération de *ag*, qui veut dire fils ; — *Pheredès*, huitième archonte d'Athènes ; — *Pharaote*, roi des Parthes, mort sur le trône, l'an 104 avant notre ère ; autre roi des Parthes, l'an 37 avant J.-C. ; — *Pharaote*, fils de Déjocès, roi des Mèdes ; — *Frode*, nom commun à plusieurs rois du Danemark.

Enfin, des noms de personnes sont formés avec *her*, auquel est joint un autre nom, faisant l'office de nom propre. Exemples :

Héribald, *Hérilint*, *Héribarcht*, chefs germains ; — *Hérispoé*, fils de Noménoé, duc de Bretagne, 822.

Aribert, chef germain ; — *Ariobarzane*, nom de trois rois de la Cappadoce, de 92 à 21 avant J.-C. ; — *Arioriste*, roi des Suèves ; — *Ariapithe*, *Arianthe*, rois de Scythie ; — *Ariobinde*, gouverneur de l'Afrique au VIe siècle de notre ère ; — *Ourmakseu*, *Ourighni*, *Ouridjid*, *Ourstif*, chefs berbers ; — *Jaropolk*, descendant de Rurik ; — *Gundric*, *Genséric*, *Hunéric*, rois des Vandales ; — *Théodoric*, frère d'Euric, roi des Wisigoths ; — *Amalaric*, roi des Ostrogoths ; — *Athnaric*, roi des Goths ; — *Ardaric*, roi des Gépides ; — *Siddarta*, surnom du fondateur du boudhisme, de famille royale ; — *Artozostra*, fille de Darius ; — *Ouardhougou*, chef touareg cité par Barth ; — *Ourtidjin*, *Ourtedja*, *Ourtenadje*, chefs berbers.

Feramerz, fils de Roustem, héros de l'Iran ; — *Afrasiab*, roi de Touran ; — *Tissapherne*, *Mégapherne*, personnages perses ; — *Holopherne*, général de Nabuchodonosor ; — *Pharnabaze*, nom commun à plusieurs personnages de l'aristocratie de l'ancien empire des Perses.

Vercassilaun, *Vercingétorix*, chefs arvernes ; — *Verodoctius*, chef helvète.

Ainsi, les personnes de race aryenne, comme les tribus nobles, se désignaient plus souvent par des noms qualificatifs dérivés de *her*, que par des noms propres, de sorte que leurs dénominations présentaient des variantes par suite de transformations phoniques et de formes grammaticales diverses d'un dialecte à l'autre, mais elles attestaient par l'uniformité de leur sens que les personnes et les tribus qu'elles désignaient avaient une origine commune et qu'elles étaient de race aryenne. Ceux de ces noms, qui ont été relevés en pays berber, contribuent à établir que l'aristocratie des Touareg, et ses congénères de l'Afrique septentrionale, ont parlé primitivement la langue aryenne. S'ils sont en petit nombre, cela tient à ce que les documents de cette nature font défaut sur l'Afrique ancienne, d'autant plus que les noms de personnes ont fait place à des noms arabes sous l'influence de l'islamisme.

LE MOT *batte*.

D'après Hérodote, *battus* signifie roi, en libyen ; ce mot est étranger au vocabulaire berber, mais les Kabyles de la Grande Kabylie, en ont conservé le souvenir dans un jeu encore en usage. Des enfants se réunissent et se choisissent un roi, qu'ils nomment *bata*, auquel ils donnent des gardes. Le roi se place alors sur un point et les joueurs cherchent à arriver à lui, en trompant la vigilance de ses gardes. Celui qui réussit à le toucher crie : *bata*. Les gardes se mettent alors à sa poursuite, et s'ils réussissent à l'arrêter, ils le livrent au *bata*, qui réunit un conseil et prononce une sentence contre lui, pour avoir osé le toucher. Si les gardes ne l'arrêtent pas, les joueurs les soupçonnent de trahison et les livrent au roi. Un conseil se réunit, et, si la trahison est démontrée, les gardes sont lapidés ou bannis du pays. Ce jeu ne confirme pas seulement le sens de *batte*, il montre que les institutions démocratiques de la Grande Kabylie ne sont pas aussi anciennes qu'on l'a supposé, ainsi que le constatent d'ailleurs d'autres indices.

Les familles nobles de la tribu des Douairs, l'ancien maghzen de la province d'Oran, prétendent descendre d'une famille royale, les *Baïtias*. Ibn-Khaldoun cite un peuple du nom de *Bata*. En Asie, une tribu mède s'appelait *Budiens* (1), et une autre, voisine des Scythes, les *Budins*, se faisait remarquer par des caractères physiques aryens, les yeux bleus et les cheveux rouges (2). En Europe, on a recueilli des monnaies des Boïens, sur lesquelles est inscrit le nom de *Biatec*. Un roi des arvernes portait le titre de *Biteut*. De plus, en Gaule, on relève dans la première partie du nom des *Bituriges*, ce même mot *batte*, dont le sens de *roi* est donné par la seconde partie *riges*. Il y a encore lieu de remarquer qu'en celtique, on appelait *ambattes* les clients de la noblesse, qui étaient privés de tous droits, comme les serfs. *Am* est sans doute privatif dans ce mot, comme dans *imrhad*, nom sous lequel les Touareg rangent la population serve. Du rapprochement de tous ces éléments, il résulte que ce mot *batte*, roi, est aryen, et qu'il a été introduit en Afrique par des aristocraties aryennes.

LE MOT *brig*.

Suivant Hésychius, le roi Juba a attribué à ce mot, dans sa langue nationale, le sens d'homme libre (3). Comme il est étranger au vocabulaire berber, on peut en induire que le roi Juba parlait une langue autre que celle des aborigènes du sol, et ce que j'ai déjà exposé des aristocraties, qui ont dominé dans l'Afrique septentrionale, laisse croire que cette langue était la langue aryenne. Barth a cité des personnages de l'aristocratie des Touareg, qui s'appelaient l'un *Burgi*, l'autre *Birgou*. Une tribu de l'Algérie porte le nom de Borgia. Le caractère général des noms de peuples et de personnes, dérivés de *her*, autorise

---

(1) Hérodote. I. 101.

(2) Hérodote. IV. 108.

(3) Glossaire gaulois. Roget de Belloguet, p. 215.

à supposer que *Burgi*, *Birgou*, *Borgia*, dérivent du *briga*
de Juba et en ont le sens. Il en est sans doute de même
aussi des noms de personnages gaulois Antébrogius, Bro-
gitarus, Ingeburgo, une des héroïnes des Sagas (1),
Gunborg, femme légendaire du Jutland, sous le règne
du roi Suio (2). On relève également ce nom dans les dénominations de peuples, dont les aristocraties étaient
aryennes : Briges, Burgundes, Brigiani, de sorte qu'il est
certain qu'il est aryen.

LE MOT *bug*.

Tite-Live attribue le sens de roi au mot *bogud*, en libyen.
Bagaïos, en phrygien, *baga* en perse, *bug* en slave, signi-
fiaient aussi roi. Les nobles de la nation des Khazars portaient le titre de *bog*, et les princes Moldaves celui de *bogdan*.
Ce mot, en usage en Afrique, bien qu'inusité en berber, est
donc aryen. Voici les traces que j'en ai relevées en Afrique
et en Europe :

Bacuates. Deux inscriptions latines signalent en Algérie
une nation portant le nom de *Bacuates* qui n'est autre que
Bogud latinisé. Voici ces inscriptions :

D. M.

MEMORIS

FILI

AVRELI

CANARTHAE

PRINCIPIS. GENTIVM

BAQVATIVM

QVI VIXIT

ANN. XVI

---

(1) Histoire des Normands. Depping. I. 51.

(2) Histoire des Normands. Depping. I. 10.

Aux dieux mânes
de Memor
fils
d'Aurélius
Carnatha
Prince de la nation
des Bacuates
qui a vécu
16 ans

Cato Fulcinio, Marci filio
Quirina, Optato, flamini
Augustali, duumviro quin
viro, auguri, aedili, quaestori,
qui irruptione *Baquatium*
coloniam tuitus est testi-
monio decreti ordinis et
populi.
Cartennitani et incolæ
primo ipsi, nec ante ulli
aere conlato.

Les Bacuates de ces inscriptions romaines sont sans
doute le même peuple du nord de l'Afrique que l'historien
Ibn-Khaldoun mentionne sous le nom de Beghouata.

En Gaule, l'histoire a conservé le souvenir de bandes in-
surgées contre le gouvernement de l'empire, connues sous
le nom de *Bagaudes*, et, d'autre part, M. Roget de Belloguet fait observer, à ce sujet, qu'un traducteur grec d'Eu-
trope n'entendait par ce mot de *Bagaudes* que les chefs de
ces bandes. Ces chefs appartenaient donc à la noblesse
gauloise.

Bogud, nom commun à plusieurs rois de la Mauritanie ;
— *Bagée*, seigneur perse au temps de Darius ; — *Bigakhan*,
chef de la nation des Ouïgour ; — *Urbagus*, un des plus
anciens rois de l'Assyrie ; — *Bogaris*, roi des Bulgares en

861 ; — *Ambigat*, roi des Bituriges, vers l'an 587 avant J.-C.; — *Begga*, fille de Pépin de Landen ; — *Bégo*, successeur du comte Rainald en Poitou, au IXᵉ siècle.

LE MOT *mann*.

En Allemand, *mann* signifie homme, dans un sens élevé, comme le *vir* latin. *Manou* était l'ancêtre mythique d'une branche de la race aryenne ; celle-ci aimait à le rappeler, en ajoutant à ses noms de tribus, de personnes et à ses titres de noblesse le mot *mann*, tels sont les titres de noblesse *warmann*, *arimann*, en usage chez les Lombards, *faramann*, chez les Burgondes, et les noms de tribus et de personnes suivants :

Imanan, tribu noble des Touareg ; — *Aman*, tribu de l'Ethiopie ; — *Menni*, peuple cité par le prophète Jérémie, parmi ceux qui devaient aider Cyrus à réduire Babylone, et que quelques-uns placent dans l'Arménie (1) ; — *Manussas*, nom que se donnaient des essaims aryens de l'Inde ; — *Méones*, *Méoniens* ; les Thraces de l'Asie prétendaient qu'ils étaient des *Méonès*, et les Lydiens, dont la capitale était Sardes, se donnaient aussi primitivement le nom de *Méoniens* ; — *Achéménides*, famille puissante qui régna en Perse, et dont descendaient Darius et Cyrus ; — *Turcomans*, grande branche de la famille turque, répandue dans la Perse, le royaume d'Hérat, le Caboul, le Turkestan indépendant, la Russie caucasienne et l'Asie ottomane ; — *Alemani*, *Germani*, *Herminons*.

Manérus; « les Egyptiens disent que Manérus est le nom du fils unique de leur premier roi ; — *Ménès*, premier roi connu de l'Egypte ; — *Améni*, pharaon de la IXᵉ dynastie ; — *Mentouhotep*, pharaon de la XIᵉ dynastie ; — *Amenhotep*, pharaon de la XVIIIᵉ dynastie ; — *Ame-*

---

(1) Hérodote. II. 79

nemha, pharaon de la XIIᵉ dynastie ; — *Manos*, ancêtre mythique des Lydiens ; — *Cakyamouni*, fondateur du bouddhisme ; — *Minos*, roi de Crète ; — *Cléomène*, fille d'un roi de Sparte.

LE MOT *med*.

Dans le dialecte berber des Touareg, *midden* signifie les hommes dans un sens noble, ainsi que le prouve l'expression du même dialecte : *Rème-en-meden*, lieu d'assemblée des hommes nobles, que cite M. Barth. Ce nom a donné lieu aux noms de peuples et de personnes ci-après :

Ioulemeden, confédération de tribus nobles des Touareg ; — *Imedideren*, tribu noble des Touareg ; — *Mèdes*, peuple dont le pays correspondait à l'*Irakadjemi*, et il est à remarquer que les Touareg désignent leur pays sous le nom d'*Adjema* ; — *Maïdoi*, peuple de la Thrace ; — *Méodaci*, peuple de la Rhétie ; *Gautamides*, tribu de l'Inde, à laquelle appartenait le fondateur du boudhisme.

Midas, personnage des temps historiques de la Phrygie ; — *Médée*, fille d'Aétès roi de la Colchide ; — *Médus*, fils d'Egée, roi d'Athènes ; — *Madues*, roi des Scythes, 625-605 avant J.-C.; — *Nicomède*, nom de trois rois de Bithynie, entre 280 et 75 avant J.-C. ; — *Laomédon*, roi de Troie ; — *Gundamund*, prince vandale ; — *Trasamund*, roi des Vandales ; — *Segimund*, personnage germain interné à Rome du temps de Tacite ; — *Mundzuc*, frère d'Attila. Le mot *med* de la langue berbère a donc été emprunté à la langue aryenne.

LE MOT *agelid*.

Ce mot est en usage dans le vocabulaire berber avec le sens de *roi*, et il est prononcé, suivant les tribus, *agelid aguelid*, *akelid*, au pluriel, *igelad*, *iguelad*, *akelad*. Les traces qu'on en relève dans des noms de tribus et de personnes de l'Asie occidentale et de l'Europe, prouvent qu'il a été également en usage dans les dialectes aryens.

M. Barth rapporte que la tradition a conservé le souvenir à Tinbouctou, d'une tribu souveraine du nom d'Igelad, qui appartenait à l'une des confédérations des Touareg et qui est aujourd'hui éteinte (1). Ce nom d'Igelad est le même que celui que les Grecs nous ont transmis sous la forme *Gétules*, qui n'en diffère que par l'inversion des consonnes, et qui était aussi celui d'une tribu puissante dans l'antiquité.

L'historien Ibn-Khaldoun mentionne une branche des Berbers sous le nom de Calden (2), analogue à Ikelad. C'était une branche, non des Berbers, mais de leur aristocratie.

Un roi de la Grande Kabylie nous est connu sous le nom de Gildon, qui était celui de la dignité royale dont il était revêtu.

Les chroniqueurs de la bataille de Poitiers rapportent que les musulmans désignaient Charles-Martel par le titre de Caldous, forme altérée d'*akelid*. C'est une nouvelle preuve que ces musulmans étaient en grande majorité des Berbers et non des Arabes.

En Asie, on relève également des noms de tribus et de personnes dérivés d'*agelid*.

Teglath, roi assyrien. Ce nom, dépouillé de l'article *t*, est identique à *agelid*, et son sens indique que c'était un titre de dignité et non point un nom personnel.

Chaldéens, en grec *Kaldaioi*, titre que se donnaient les premiers rois de Babylone. « On ne sait rien, dit Jean Reynaud, des circonstances qui ont amené le règne des Chaldéens à Babylone. Dès la haute antiquité, cette ville se

---

(1) Voyage en Afrique, t. IV, p. 47.

(2) Ibn-Khadoun, t. I, p. 170.

présente comme le foyer principal de s ici les civilisations du Midi, dans le bas du Tigre et de l'Euphrate. Quand le royaume d'Assyrie se constitua, Babylone, vraisemblablement conquise, se subordonna à Ninive. Aussi est-ce avec les rois d'Assyrie que la Judée se trouva d'abord aux prises. Ce sont eux qui opèrent le transport dans l'intérieur de l'Asie des tribus qui avaient formé le royaume d'Israël. Ils viennent de menacer du même sort Jérusalem, mais ils échouent, et c'est à ce moment même que l'on voit reparaître, dans les annales de la Judée, la grande cité de Babylone dégagée de l'Assyrie et agissant dans son indépendance. Cette capitale a de nouveaux rois, et ces *rois*, selon tous les témoignages de l'antiquité, portent le nom de *Chaldéens* (1).

D'après les chroniques musulmanes, le roi, chez les Philistins, portait le titre de *djalout*, forme arabisée d'*agelid*, dont nous avons fait *Goliath*.

Le philologue russe Minaïew a signalé dans le Turkestan une tribu du nom de Galtcha, qui est analogue à *aguelid*, une fois dépouillé de sa finale *cha*.

Ephore désignait tous les peuples de l'Europe occidentale sous le nom de *Keltoï*.

Polybe les appelait tour à tour *Keltoï* et *Galataï*. Ces deux noms sont analogues aux formes berbères Ikelad et Iguelad. Le premier est devenu en latin *Celtæ*, d'où nous avons fait Celtes, et le second, Galli, qui a donné naissance à notre mot Gaulois.

César a limité le pays des Celtes entre la Garonne, la Marne et la Seine : « Toute la Gaule, dit-il, est divisée en trois parties, dont l'une est habitée par les Belges, l'autre par les Aquitains, la troisième par ceux que nous appelons Galli, et qui, dans leur langue, se nomment Celtæ.... Les

---

(1) L'Esprit de la Gaule. Jean Reynaud, p. 182.

Galli sont séparés des Aquitains par la Garonne, des Belges par la Marne et la Seine (1). »

Diodore, contemporain de César, dit au contraire : « Il est utile de définir un point ignoré de beaucoup de personnes ; on appelle *Celtes* les peuples qui habitent au-dessus de Marseille, entre les Alpes et les Pyrénées. Les populations situées au nord de Marseille sont distinctes des Celtes et de race différente, ce sont des Galates (2). »

Enfin, Strabon exprime, cinquante ans plus tard, le même avis que Diodore. Il estime que les Grecs ont donné une extension abusive au nom des Celtes, et il blâme en particulier Ephore d'avoir compris dans la Celtique le pays qui est appelé Ibérie jusqu'aux colonnes d'Hercule. »

Le nom de Celtes se trouve ainsi mêlé aux plus anciennes traditions de l'Europe occidentale, et cependant on est encore à se demander quels étaient les peuples qui s'appelaient eux-mêmes Celtes, et quel sens ils attachaient à ce nom. « Français, Anglais, Belges, Allemands, Irlandais, sont descendus dans l'arène, les uns accaparant le nom de Celtes comme une gloire, les autres le repoussant avec mépris ; les enthousiastes voulant que l'Europe entière, Rome et la Grèce aient dû à cette race unique leur population primitive, et jusqu'aux dieux qu'elles adoraient ; les exclusifs refusant même de reconnaître pour frères des voisins, dont la langue, les institutions et les plus lointains souvenirs attestent l'étroite consanguinité avec ceux qui les reniaient (3) ».

M. Amédée Thierry ne reconnaît le nom de Celtes, avec Diodore et Strabon, qu'à une confédération de la Gaule méridionale, et, supposant qu'il a été emprunté à la nature topographique du pays habité par cette confédération, il le

(1) Commentaires de César, liv. I, parag. 1.

(2) Archéologie celtique et gauloise, p. 32.

(3) Ethnogénie gauloise. Roget de Belloguet, I.

fait dériver du celtique *coille*, *forêt*, de sorte qu'il signifierait : *les tribus du pays de forêts*. Puis il admet, avec Ephore, l'unité des peuples de l'Europe occidentale, qu'il range sous la dénomination commune de *Gall*, le *Galli* des Romains, et les Celtes deviennent ainsi une simple confédération de *Galli* (1).

M. Henri Martin partage la manière de voir de M. Amédée Thierry, en préférant toutefois au nom de *Gall* celui de *Gaël*, comme se rapprochant davantage de la vraie prononciation. « C'est le nom, dit-il, que se donnent encore aujourd'hui les montagnards écossais et les Irlandais (2). »

M. Alexandre Bertrand voit dans les Celtes et les Galates deux grandes unités ethniques, qui étaient bien les branches d'un même tronc, mais qui, séparées durant de longs siècles étaient différenciées au point d'être devenues absolument distinctes par les caractères physiques, les tendances sociales et religieuses (3). La race celtique serait, d'après ce savant archéologue, la plus ancienne en Gaule, celle dont la civilisation était intimement liée à l'institution du druidisme, tandis que la race galatique serait un flot d'envahisseurs, qui ont pénétré vers le IV⁰ ou le V⁰ siècle avant notre ère, et dont la civilisation se serait greffée, en la modifiant, sur la civilisation celtique. « Nos meilleurs historiens, dit M. Bertrand, en s'élevant contre leur opinion, ont renoncé à distinguer les Celtes des Galates. Celtes et Gaulois sont pour eux un même peuple, sous un même nom légèrement modifié, celui de *Gaëls*. Nous nous trouverions, suivant cette doctrine, en présence d'une grande et puissante race, ayant occupé non seulement la Gaule, mais une grande partie de l'Europe, de l'an 1500 environ avant notre ère jusqu'à l'invasion des Franks, c'est-à-

(1) Archéologie celtique et gauloise, p. 264.

(2) Histoire de France. H. Martin, t. I, p. 2.

(3) Archéologie celtique et gauloise, p. 496.

dire pendant près de deux mille ans. Ce fait serait unique dans l'histoire (1). »

Tandis qu'Ephore rangeait tous les peuples de l'Europe occidentale sous le nom de *Keltoi*, Hérodote comprenait tous les peuples de l'Europe orientale, c'est-à-dire ceux de la Scythie, sous celui de *Scolotoï*, qui n'est qu'une variante phonique de *Keltoï*. Cet historien dit, en effet, en parlant des Scythes :

« Tous s'appellent Scolotoï, du nom de leur roi, mais les Grecs leur donnent celui de Scythes (2). »

Ce qui veut dire que, dans leur langue nationale, les Scythes se donnent le nom de *Scolotoï*, signifiant : *les rois*.

Mais un autre texte d'Hérodote montre que ce nom de *Scolotes* ne s'appliquait pas à tous les Scythes, mais seulement à leurs aristocraties :

« Au delà du fleuve Gerrhus, dit-il, demeurent les Scythes qu'on nomme *royaux*, et qui estiment que les autres Scythes sont leurs esclaves (3). »

Les Scythes se composent donc de Scythes royaux et de Scythes esclaves, d'où l'on est autorisé à conclure que la dénomination de *Scolotoï*, signifiant les *rois* ou les *royaux*, était particulière à l'élément dominant de la nation, qui était, on le sait, de race aryenne.

Un grand nombre de noms de rois, de reines, de princes et de princesses de la Germanie, dérivent d'*agelid* ou de ses variantes phoniques :

Clodion, roi mérovingien, 428 ; — *Clodomir*, roi mérovingien, 511 ; — *Athanagild*, roi des Goths, 561 ; — *Léovigild*, roi des Goths, 569 ; — *Hermenegild*, fils de Léovi-

---

(1) Archéologie celtique et gauloise, p. 385.

(2) Hérodote, IV, 6. Hésiode, IXe siècle av. J.-C., est l'auteur le plus ancien chez lequel ce nom se rencontre.

(3) Hérodote, IV, 20.

gild; — *Chlodowig*, Clovis, 481 ; — *Childebert*, fils de Clovis ; — *Brunehilde*, femme du roi Sighebert, 562 ; — *Bilihilde*, femme du roi Théodebert, 596 ; — *Nantilde*, femme du roi Dagobert, 628 ; — *Bathilde*, femme du roi Clovis II, 638 ; — *Sonihilde*, femme de Charles-Martel, 720 ; — *Hildegarde*, femme de Charlemagne, 800 ; — *Hildegonde*, princesse germaine qu'épousa Attila, et qui fut soupçonnée de l'avoir assassiné pendant son sommeil la première nuit de ses noces.

Ces appellations *clod, gild, chlod, hild,* qui entrent dans la composition de ces noms, ne diffèrent de Keltoï, Galataï, Scolotoï, que par des variations phoniques, et leur sens de roi est fixé non seulement par celui de leur radical *agelid,* mais par la qualité même des personnes, rois, reines, princes et princesses de sang royal, auxquelles elles étaient appliquées.

En réalité, Keltoï, Galataï, Scolotoï ne sont que des variantes phoniques d'une même dénomination, et les peuples qu'elles désignaient ne différaient que par leurs dialectes et des nuances dans leurs institutions sociales. Elles étaient particulières aux aristocraties de ces peuples, et les traces qu'on en relève en Asie, en Europe et en Afrique, autorisent à dire qu'elles étaient communes à toutes les aristocraties aryennes. C'était un nom que celles-ci se donnaient pour proclamer leur souveraineté, comme elles s'étaient donné celui d'Imohar pour attester la noblesse de leur origine, leur prédestination à la domination de la terre.

Le mot *agelid,* comme les mots *her, batte, brig, bug, mann, med,* qui forment un grand nombre de noms de peuples et de personnes de race aryenne, et dont on relève des traces en Afrique, sont donc aryens ; leur usage en Afrique est le fait des aristocraties aryennes, qui y dominaient, et dont l'aristocratie des Touareg est un débris.

Ces noms de peuples signifiant les **hommes de race**

pure, c'est-à-dire de *race aryenne*, ou les *rois*, les *seigneurs*, les *maîtres*, les *nobles*, infirment entièrement l'étymologie qu'on en avait donné jusqu'à présent. « Les noms de peuples de l'Europe, dit M. Pictet, sont presque tous d'une origine relativement moderne. Quelques-uns peuvent sans doute remonter à un âge très reculé, mais ils restent isolés, et leur signification première est obscure. Un très petit nombre se rattache à l'époque aryenne. » Le plus grand nombre, au contraire, sont d'origine aryenne, et leur sens, très clair, reflète la dualité sociale, qui est le trait caractéristique de la domination aryenne. L'opinion de M. Renan n'est pas plus exacte que celle de M. Pictet. « Le mode de propagation de la race indo-européenne, dit-il, était l'expulsion de la jeunesse, la formation de bandes hardies et entreprenantes, composées de tout ce qui était né au printemps. De là, cette foule de noms de peuples signifiant : *fugitifs, errants, exilés* (1). » A mon avis, aucun nom de peuple n'a ce sens. La domination aryenne, qui a été universelle, ne pouvait être l'œuvre de bandes de fugitifs ou de bannis.

ETYMOLOGIE DE *Vercingétorix.*

Les noms sous lesquels les personnes de race aryenne étaient le plus souvent désignées, étaient des qualificatifs et non des noms propres. Ils avaient le caractère d'un « titre de noblesse ». Aucun nom n'en présente un exemple plus frappant que celui de Vercingétorix, le héros de la Gaule, qui a donné lieu à de si nombreuses et de si bizarres étymologies. Un historien latin, Florus, s'est fait l'écho, dans un récit des luttes de la Gaule contre César, de l'idée extraordinaire que les Ro-

(1) Histoire des langues sémitiques, p. 39.

mains avaient conçue du sens attaché au nom de Vercingétorix. « C'est alors que parut chez les Carnutes, dit-il, ce
guerrier à la taille, aux armes et à l'air redoutable, dont
le nom seul, Vercingétorix, inspirait la terreur (1). »

Henri Martin estimait que ce nom était composé des
mots gaulois : *Ver, kenn, kedo, righ*, et qu'il signifiait *le
grand chef des cent têtes* (2). C'était aussi, avec une faible
variante, l'opinion qu'Amédée Thierry avait émise avant
lui.

M. Roget de Belloguet, adoptant l'avis de Gluck, consi-
dère le nom de Vercingétorix comme un simple titre, ce
qui est vrai, mais il le décompose en *ver*, dont il faisait
un préfixe intensif, et en *cingetorix*, roi ou chef des braves, de sorte qu'il signifierait le grand roi ou le grand chef
des braves.

Ces interprétations se ressentent de l'idée que l'on se fait
du monde gaulois, dans lequel tout paraît extraordinaire,
tandis que, sous bien des rapports, il ressemblait au nôtre,
en dehors de ses aspects extérieurs. Son aristocratie était
même supérieure à bien des points de vue au monde romain. C'était l'opinion de Tacite pour l'aristocratie germaine, sœur de l'aristocratie gauloise.

Le nom de Vercingétorix se compose des quatre mots
ver, sen, gète et *rix*. *Ver* et *rix* nous sont connus, ce sont
des variantes de *her*. *Sen* apparaît en latin dans *seniores*,
les anciens, les grands, les sénateurs, et en anglo-saxon
sous la forme *cyning*, « titre que le roi Alfred, dans un
écrit, donna à la fois à César comme dictateur, à Brutus
comme général, à Antoine comme consul. » C'est, chez
lui, le titre commun de tout homme qui exerce, sous quelque forme que ce soit, une autorité supérieure. Or, *sen* est
le même mot que *cyning*, qui n'en diffère que par la dési-

(1) Annius Florus, III, 10.

(2) Histoire de France, t. I, p 166.

nence *ing*, familière aux dialectes tudesques, et qui n'ajoute au mot aucun sens. *Sen* exprime donc, comme *ver* et *rix*, une idée d'élévation sociale. Il en est de même de *géte*, comme en témoignent les noms de rois *Taygéte*, *Déjotarus*, et qu'on relève aussi dans l'ethnique *Gétes*, que Grimm a traduit par : *les divins*. L'origine du nom de Vercingétorix n'est pas moins simple que sa signification. Il est né du rôle que ce grand guerrier a joué dans la dernière lutte de la Gaule contre César. La tradition rapporte que les Arvernes, les Senons, les Carnutes et les Bituriges étaient les principaux peuples gaulois confédérés contre les Romains. Ces peuples désignaient les chefs qu'ils se donnaient par le titre de *ver* chez les Arvernes, de *sen* chez les Senons, de *géte* chez les Carnutes et de *rix* chez les Bituriges. En ce qui concerne les Carnutes, l'usage du mot *géte* résulte du nom de *Tagéte*, que portait le chef que César leur avait donné. Dès lors le chef des Arvernes, ayant été élu généralissime de la coalition, devint le *ver* des Arvernes, le *sen* des Senons, le *géte* des Carnutes, le *rix* des Bituriges, c'est-à-dire le *ver-cin-géto-rix* des principaux peuples confédérés. Vercingétorix avait joint au titre en usage chez les Arvernes, ceux dont se servaient ses alliés, comme aujourd'hui des peuples amis unissent leurs couleurs nationales. Ce nom, dont la structure inspirait tant de terreur aux Romains, et dont le sens a été jusqu'à présent si étrangement interprété, signifiait tout simplement : *le chef*, exprimé en quatre dialectes celtiques.

Quelques-uns des noms de personnes, dérivés de *her*, se sont perpétués jusqu'à nos jours dans des familles souveraines ou de la noblesse. Lorsque les familles qui les portent y joignent les caractères physiques de la race aryenne, une taille élevée, les cheveux blonds, les yeux bleus, elles ont en eux une attestation plus authentique de leur aristocratie que les plus vieux parchemins.

NOMS GÉOGRAPHIQUES.

Les noms de *lieux-dits* sont les plus anciens monuments linguistiques qu'on possède. Il en existe beaucoup qui remontent à la plus haute antiquité, et tous ont été des termes génériques avant de prendre le caractère de noms propres. Ce sont de véritables fossiles témoignant des implantations des peuples sur le globe. La terre se trouve ainsi le premier livre auquel l'homme ait confié le souvenir de ses destinées. La difficulté pour les utiliser est de les interpréter exactement et de fixer leur origine. Elle n'est pas cependant insurmontable pour certains noms, pour ceux par exemple, et ils sont en grand nombre, dont le sens originel est traduit par la configuration et la nature même des lieux qu'ils désignent, tels que *montagne, plaine, rivière,* etc. Parfois ces noms de lieux sont encore en usage dans une langue connue, avec leur signification générique, ou bien on possède des indices indiquant qu'ils y ont été usités. Dès lors, aucun doute ne subsiste sur les peuples dont ils sont les empreintes. Tel est le cas des noms géographiques qu'on relève en Afrique, en Asie et en Europe, et qui appartiennent ou ont appartenu au vocabulaire berber avec un sens traduisant la nature même des lieux qu'ils désignent. Ces noms sont évidemment aryens et ne peuvent s'être introduits dans la langue berbère que sous l'influence du contact avec les aborigènes du sol des aristocraties aryennes, qui ont dominé en Afrique.

ADRAR.

Ce mot est commun à tous les dialectes berbers, avec le sens de *montagne* ; au pluriel *idraren* ou *idourac.*

On le relève dans le sanscrit, avec le même sens, sous la forme écourtée *adri,* écourtement fréquent dans le passage des mots d'un dialecte aryen à un autre, ainsi : *pater,* père; *mater,* mère ; *soror,* sœur, etc.

En plusieurs dialectes aryens, ce mot a revêtu la forme
tor. Dans le patois de la Savoie, on appelle encore une
montagne, *tour*.

Aderer, chaîne occidentale du désert soudanien, pays
des Touareg ; — *Adrar*, montagne qui surplombe le massif montagneux, appelé *tassili*, de la confédération des Azguer, pays des Touareg ; — *adrar-amellal*, tribu de la
Grande Kabylie, Algérie, qui tient son nom d'une particularité de la *montagne* qu'elle habite, exprimée par le mot
amellal ; — *Adghagh*, massif montagneux, de la confédération des Aouelimiden, pays des Touareg ; — *Deren*, massif montagneux du Maroc, entre Asfi et Taza ; *Deren* est
une forme arabisée du pluriel *idraren*, c'est le *Duryn*, *Ad-
dirin*, *Adirin* des Romains ; — *Aït-b-oudrar*, nom d'un
village de la Grande Kabylie, situé dans la partie la plus
élevée de ce massif montagneux ; il signifie : les habitants
de la montagne ; — *Aderbeidjan*, province extrêmement
montagneuse de la Perse, l'Atropatène des anciens, chef-
lieu Tauris ; — *Djebel tor*, nom sous lequel est aussi désigné le Sinaï ; — *Madras*, ville de l'Inde au bord de la mer
et au pied d'un rocher granitique ; le nom composé du mot
adri, montagne, et du préfixe *m*, veut dire : le lieu habité
de la montagne.

Adrets (les), montagne de l'Esterel, France, Var ; —
chaîne de montagnes du Dauphiné, France, Isère ; — *Adria*,
chaîne de montagnes de l'Italie, le long de la mer Adria-
que, entre la Macra au sud et la Silarus au sud ; — *Ma-
drid*, capitale de l'Espagne située au centre d'un massif
montagneux, d'où son nom, qui a la même structure et le
même sens que Madras. Le préfixe *m* est très usité en
langue berbère. Joint à un verbe, il exprime une idée
passive ou réciproque (1), et joint à un substantif, une
idée intensive ou spéciale. On le relève fréquemment

(1) Essai de grammaire kabyle. Général Hanoteau, p. 133.

dans des appellations génériques, qui ont donné naissance à des noms géographiques de l'Asie occidentale et de l'Europe, ce qui prouve qu'il a été en usage dans les dialectes aryens. *Dores* (les monts), Auvergne; — *Dore* (le mont), un des points culminants de la chaîne des monts Dores.

AMALOU.

Dans le dialecte kabyle, *amalou* signifie *versant ouest de la montagne.*

Haouch-amalou, village situé dans les gorges de l'Harrach, sur le versant ouest de la montagne; — *Illoula-amalou*, tribu de la Grande Kabylie, dont le territoire occupe le versant ouest de la montagne; — *Amélécourt*, village de l'ancien duché de Lorraine, sis sur le flanc ouest d'un coteau; — *Amelmont*, village de l'ancien duché de Lorraine, sis au versant ouest du relief qui sépare le Brénom du Madon, affluents de la Moselle; — *Lamalou*, station thermale de l'Hérault, sur le versant ouest de la montagne.

ASAMER.

Dans le dialecte kabyle, *asamer* veut dire : *versant est de la montagne.*

Illoula-asamer, tribu de la Grande Kabylie, dont le territoire occupe le versant est de la montagne; — *Soumer*, village de la Grande Kabylie, sis sur le versant est de la montagne; — *Beni-Soumer*, tribu de la province d'Alger, dont le territoire occupe le versant est de la montagne; — *Soumerou*, chaîne qui court du nord au sud et forme une des limites de l'Inde; — *Samara*, ville de l'ancienne Mésopotamie, qui tient son nom de son site au levant; — *Djebel Shomer*, montagne de l'Arabie; — *Saumur*, ville dont le noyau primitif s'étendait sur le penchant est d'un coteau.

Telle est aussi l'origine des noms de Semur, Samarobrives, actuellement Amiens ; — *Soméré*, côteau du Mâconnais exposé au levant.

ASIF.

En dialecte kabyle, ce mot signifie *fleuve*, le thalweg principal d'un bassin, le collecteur des affluents ; en pays berber, tous les fleuves sont des asifs.

Ouady-n-asif. « Capharnaum était situé à la pointe nord du lac, un peu plus près de la rive occidentale que de l'embouchure du Jourdain, à l'entrée de l'Ouady-n-asif, le long de la route qui menait à Damas..; (1) » Cette dénomination Ouady-n-asif est composée de deux synonymes *ouady* et *asif*, et elle témoigne qu'en plein pays sémitique, le mot aryen *asif* a été usité avant le mot arabe *ouady*.

ATI.

Je ne connais aucun dialecte berber qui ait conservé l'usage de ce nom, mais sa signification nous est donnée par la dénomination de *Coudiat-ati*, sous laquelle est désignée une colline des environs de Constantine et où le mot arabe *coudiat, colline*, traduit le mot *ati*. Son sens de colline, montagne, est ainsi fixé par la configuration des lieux qu'il sert à désigner.

Coudiat-ati, colline près de Constantine ; — *Ras-atia*, montagne entre Djidjelli, et Collo ; — *Dahia-el-atia*, au sud-est de Berezina, Algérie ; — *Ida*, petite chaîne de montagnes de l'Asie-Mineure ; — *Cittus* (le mont), Thrace; le c initial est un préfixe s qui, en langue berbère. exprime une idée d'élévation ; — *Œta*, mont sur les confins de la Grèce et de la Thessalie : — *Athos*, mont de la Roumélie; — *Sita* (la côte de), près Vesoul.

(1) Jésus-Christ. R. P. Didon, t. I, p. 278.

Ce nom *ati*, composé avec le préfixe *m*, se rencontre fréquemment en France sous la forme *motte*, avec le sens de *château*. Les forteresses féodales ne furent sous les Carlovingiens et les premiers Capétiens que des habitations de bois bâties sur des *tertres*, d'où leur nom de *motte* en certaines parties de la France; ce mot est synonyme de *cor*, *burg*, *la ferté*.

Les villages appelés la Motte tiennent leur dénomination de ce qu'ils ont été bâtis autour d'un château ou *motte*.

Une colline de l'enceinte de Belfort sur laquelle un fort a été construit s'appelle *la Miotte*.

L'ancien nom de la Macédoine, *Macettia*, dérive d'*ati*. Il s'est formé par l'adjonction d'un premier préfixe *s* qui exprime une idée d'élévation et qui a fait d'*ati*, *eti*, *seti*, puis d'un second préfixe *m*, qui exprime une idée intensive. Ce nom signifie : *pays montueux*.

BATTA.

Le sens de « montagne » de ce nom, est fixé par l'expression géographique *djebel-batta*, dans laquelle *djebel*, en arabe *montagne*, en est la traduction. Il résulte aussi du fait que dans la langue aryenne les mêmes mots expriment à la fois une idée de grandeur dans l'ordre social et dans l'ordre matériel, et de ce qu'en langue aryenne et en libyen, *batta* signifiait *roi*.

Djebel-batten (1), montagne au sud de Bou-Saâda ; — *Batten-rhenet*, chaîne de collines du pays des Touareg; — Si-. *llah Batta*, montagne à l'ouest de Béja, Tunisie ; — *Batuccas* (las), vallée d'Espagne, entourée de hautes montagnes ; — *Waten*, chaînes de collines de la Belgique; Waten est une transformation phonique de *baten*.

BRIG.

En allemand *berg*, montagne.

---

(1) L'*n* final dans *batten* est la marque du pluriel en berber.

Burgaou, montagne de la Byzacéne (1); — *Albordj*, prononcé aussi *Albourz*, chaîne de montagnes de la Perse; — *Teutaburgewald*, chaîne de montagnes de l'Allemagne. C'est dans cette région, aux environs de Paderborn, dans le pays qu'occupaient les Chéruskes, qu'eût lieu la célèbre victoire d'Arminius sur Varus, l'an 10 de J.-C.

HER.

En slave, dialecte de la Bohème, *hora* signifie montagne.

Héron, nom sous lequel Ptolémée désigne le massif du Jurjura, de la Grande Kabylie; — *Loharan* (Oran), ville au pied d'une haute montagne; — *Hara-berezaïti*, nom sous lequel est également désigné l'Albordj des Iraniens. C'est la montagne sainte du Zend-Avesta.

Ce nom est commun, comme *motte*, à un grand nombre de localités de la France, dont l'origine a été un château féodal. Son sens primitif de « mont, hauteur » s'est conservé dans *Herimoncourt*, village, et dans *Hérimont*, colline.

GER.

En sanscrit, *giri*, montagne; en zend, *gaïri*, montagne; en slave, *gora*, montagne.

Gouraya, montagne près de Bougie; — *Gourin*, montagne sur la route de Blidah à Cherchell; — *Tagarin*, monticule qui domine la casbah d'Alger.

La forme *gara* entre dans la dénomination d'une foule de monticules isolés du Sahara algérien. Je citerai:

Garet-ech-chouf, mamelon près d'Ouargla; — *Gour-el-oussif*, mamelon près d'Ouargla; — *Djeurf-Graïn*, nom

(1) Histoire des Berbers. Henri Fournel, t. I, p. 94.

d'un point de la chaîne qui se détache du Tessala, aux environs de Sidi-bel-Abbès.

Bigorre (pic du midi de), dans les Pyrénées-Orientales; — *Gores*, village de la Haute-Vienne, France; — *Ligoures*, nom commun à deux localités du Limousin, désignées sous le nom de Saint-Jean-de-Ligoure et Saint-Priest-Ligoure; — *Gorreood*, village situé près de Pont-de-Vaux, Ain; — *Bigorro*, ancien nom de Tarbes; — *Ligorra*, actuellement Lectoure, village situé au sommet d'un rocher isolé, dont les flancs sont très escarpés, près de la rive droite du Gers; — *Jorat*, chaîne de montagnes de la Suisse, cantons de Vaud et de Fribourg; — *Jura*, massif de montagnes de la France; *Graie*, chaîne de montagnes du Mont-Cenis au Mont-Blanc; — *Gria*, montagne de la Haute-Savoie; — *Grées* (les Alpes), où l'Isère prend sa source.

Le redoublement de *ger*, qui a pour effet d'ajouter à son sens une idée intensive, a donné lieu aux noms géographiques suivants, qui ne diffèrent les uns des autres que par des transformations phoniques, et qui signifient tous la montagne par excellence, celle qui se distingue entre toutes :

Jurjura, montagne de la Grande Kabylie; — *Guergour*, massif au sud de Ténès; — *Gueriguera*, massif au sud de Tiaret; — *Gyrgiris*, massif mentionné par Ptolémée et assimilé au Tassili des Touareg du Nord; — *Cherchar*, massif à l'est de Biskra; — *Ikerkar*, massif au sud de Bougie; — *Nilgerrhies*, chaîne de montagnes de l'Inde; — *Gargarus*, ancien nom du mont Ida, en Phrygie.

Nota. — La forme *ger* désigne une montagne en général, tandis que la forme *gor* signifie plus particulièrement une montagne, au sommet arrondi, et la forme *gara*, usitée dans le Sahara, une vigie d'où l'œil peut voir au loin de tous côtés (1).

_____

(1) Voyages dans l'Afrique centrale, t. III, p. 9.

Ger, AVEC LE SENS DE RIVIÉRE.

Beaucoup de mots de la langue aryenne avaient le double sens de « montagne » et de « rivière », et cela venait sans doute de ce qu'une montagne était envisagée à la fois comme un relief et comme un réservoir souterrain d'eaux donnant naissance aux rivières.

M. Barth dit « que tous les peuples du Soudan désignent les fleuves ou les lacs de leur pays par les termes génériques qui, dans leurs langues, signifient *fleuve, lac*.... Le *egairroi* des Touareg ne signifie absolument rien autre chose que fleuve, lac. »

« En langue libyque, berbère, ajoute M. Henri Duveyrier, le radical *ghar, gher, ghir, ghor* signifie *eau qui coule*, sans distinction entre l'eau superficielle ou souterraine, et par extension *bassin hydraulique* (1). »

« Le radical libyque *gher*, dit encore M. Henri Duveyrier, se prononce et s'écrit aussi, suivant les dialectes, *ger, gir, djer, righ*. »

Oued-ger, rivière de la province d'Alger, affluent du Mazafran ; — *Oued-guir*, rivière du Maroc ; — *Oued-righ*, rivière souterraine du Sahara, sillonnée de puits ; — *Oued-egeri*, rivière du pays des Touareg, sur la route de Rhat à Agyes ; — *Oued-seg-geur*, rivière du Sahara oranais ; — *Oued-Biger* (2), rivière de la province de Constantine, à l'ouest du mont Cherchar ; — *Oued-Madjir*, rivière du Sahara de la province de Constantine ; — *Mekera*, rivière de la province d'Oran ; — *Moghar*, oasis de l'Algérie, riche en eaux souterraines ; — *Mecheria*, localité de la province d'Oran, à l'ouest de Geryville, riche en eaux souterraines ; — *Mechera*, nom commun à un grand nombre de

(1) Les Touareg du Nord. Henri Duveyrier, p. 469.

(2) Le B initial est une préposition, usitée en langue berbère, qui est restée agglutinée à *ger*.

localités du Sahara, là où il existe des dépressions qui se remplissent d'eau en hiver, que les Arabes appellent *redir*; — *El-Mejeir*, station d'eau sur la route de Biskra à l'Oued-Soufa; — *Makara*, actuellement la Medjerda, le cours d'eau le plus important de la Tunisie. Le préfixe *m* de ces derniers noms de rivières ou de localités, indique toujours que l'eau y est abondante.

Chott-Tigri, dépression du Sahara marocain, où il se trouve de l'eau. Le *t* initial de ce nom fait l'office d'article; — *Gerrhes*, lacs aux abords du lac Erythréen, en Egypte, mentionnés par Strabon; — *Niger*, fleuve du Soudan; sous le même nom, les anciens ont désigné plusieurs rivières dans le nord de l'Afrique. Ce nom s'est formé par l'agglutination de la préposition *n* au mot *ger*; — *Igharghar*, cours d'eau très important du pays des Touareg, ainsi que l'indique le redoublement de la racine; — *Gori*, nom de l'Oxus dans une partie de son cours. « Après avoir franchi les hauts cols de Hadzigak et de Kalou, couverts de neiges éternelles, on arrive au premier affluent de l'Oxus, lequel plus loin prend le nom de Gori. » — *Gerrhus* (1), rivière de la Scythie d'Asie, aujourd'hui le Tokmek; — *Tigre*, fleuve qui se jette dans le golfe Persique, après s'être réuni à l'Euphrate: — *Gerare*, torrent de la Palestine; — *Jourdain*, rivière de la Palestine; — *Kour*, rivière qui se jette dans la mer Caspienne, le Cyrus des écrivains anciens; — *Kour*, rivière qui se jette dans le golfe Persique; — *Geer* (2), rivière de la Germanie. Elle passe entre les deux collines où Ambiorix défit Sabinus; — *Geer*, rivière de la Germanie, près de Liége; — *Ger*, rivière de la Bohême; — *Egérie*, source qui alimente le lac où, d'après Strabon, se trouvait le temple de Diane aricine; — *Egeri*, lac au sud-est de Zug, Suisse;

---

(1) Hérodote. IV. 19, 47, 53, 71.

(2) Commentaires de Jules César, t. II, p. 205.

— *Gers,* affluent de la Garonne ; — *Gier,* affluent du Rhône ; — *Guiers,* affluent du Rhône ; — *Gère,* affluent du Rhône ; — *Gorre* (la), affluent de la Charente ; — *Geer* (le), affluent de la Meuse. Les noms de la Garonne, de la Gironde, du Gard, ont la même origine; — *Makra,* rivière d'Italie, aujourd'hui la Magra ; elle formait jadis la limite entre la Ligurie et l'Etrurie ; — *Cher,* affluent de la Loire; — *Chier,* affluent de la Meuse ; — *Liger,* ancien nom de la Loire ; — *Ligerula,* ancien nom du Loiret ; — *Ligericus,* ancien nom du Loir. L'*l* initial, dans ces noms, est un article qui s'y est agglutiné.

Ingera, nom latin de l'Indre ; — *Gour de Tazanat,* lac d'Auvergne.

IFRI.

Ce nom n'est plus usité, que je sache, dans aucun dialecte berber, mais à en juger par les traces qu'il a laissées dans des noms de localités, il doit signifier, d'après la nature des lieux auxquels il est appliqué, *berge, escarpement.*

Ighil-g-ifri, village situé à l'extrémité d'un contre-fort escarpé, qui domine la vallée du Sebaou ; — *Affroun,* localité de la province d'Alger, à proximité d'un torrent aux berges escarpées ; — *Tafaraoui,* rivière de la province d'Oran, qui coule entre deux escarpements rocheux ; — *Tafaraoua,* lieu dit sur la route de Saïda à Geryville.

Euphrate, rivière qui se jette dans le golfe Persique, après s'être unie au Tigre. Elle doit son nom sans doute à la nature escarpée de ses rives en un point de son cours; — *Evreux,* ville sur l'Eure ; — *Ivry,* ville sur l'Eure ; — *Yorée,* ville sur la Doire-Baltée. Le son *v,* dans ces noms, s'est substitué au son primitif *f.* Cette transformation phonique est familière aux dialectes celtiques.

Nivres (les), mouvement de terrain aux environs de Pont-de-Vaux (Ain), qui domine la Reyssouze. L'*n* initial de Nivres s'est agglutiné un radical *ivre*, comme cela s'est produit pour *Niger*, dont le radical est *ger*.

Nièvre, rivière ; elle tient sans doute son nom de la configuration de ses rives en une partie de son cours.

IND.

Ce mot signifie *lac*, rivière ; il paraît être une forme altérée du pluriel sémitique *ouidan*, rivière, dont le singulier est *oued*. La langue aryenne s'est assimilé de nombreux éléments sémitiques.

M. Barth cite deux noms de lieux-dits du pays des Touareg qui en découlent. « Dore, dit-il, est renommé pour l'élève des chevaux, mais le manque de pâturages avait fait envoyer ces animaux dans des contrées lointaines, moins arides. Il est évident qu'une telle sécheresse ne règne pas toujours en cet endroit, comme l'indique le nom accessoire de *Windou, Ouindou,* que lui donnent les Touareg et les Arabes de l'Asaoued, et qui signifie *étang* ou *lac* (1). »

Ailleurs, M. Barth dit : « Nous traversâmes d'abord la vaste chûte du terrain qui s'étend à l'ouest de la ville et qui, remplie d'eau pendant une partie de l'année, a donné à la localité elle-même le nom de « *Windou, Ouindou* (2). »

M. Barth ajoute : « L'Aribindu semble avoir été autrefois la plus importante de toutes les contrées au midi du Niger; c'est probablement aussi de là que dérive son nom,

---

(1) Voyages dans l'Afrique centrale, t. III, p. 281.

(2) Voyages dans l'Afrique centrale, t. III, p. 284.

les Sonrhaï de Gogo l'indiquant comme « *Hari-b-indu* », c'est-à-dire le pays situé au-delà de l'eau (1). »

Ouindou, localité des rives du Niger, aux environs de Dore ; — *Ari-b-inda*, pays qui avoisine le Niger aux environs de Gogo ; — *Indus*, rivière de l'Inde ; — *Temerinda*, nom que les Scythes donnaient au Palus Méotis. Dans ce nom composé, *temer* est synonyme d'*inda* ; — *Windou*, rivière de la Courlande, Russie d'Europe ; — *Winde*, canton du pays des Franks, mentionné dans le prologue de la rédaction en langue latine de la loi salique, sous le règne de Dagobert. Ce nom est peut-être celui qui est devenu *Iwenti*, canton actuel de la province d'Ower-Yssel, et antique demeure des Saliens ; — *Windsor*, résidence royale en Angleterre.

ISSER.

On relève ce mot avec le sens de *rivière* dans les noms suivants :

Isser, rivière de la province d'Oran, Algérie ; — *Isser*, rivière de la province d'Alger, Algérie ; — *Serrat* (le), rivière de la Tunisie ; — *Izère*, affluent du Rhône ; — *Sarre* (la), affluent de la Moselle ; — *Serre* (la), affluent de l'Oise ; — *Cère* (la), affluent de la Dordogne.

ISSILAN.

En dialecte kabyle, ce pluriel, dont le singulier est *assali*, signifie : plateaux élevés, étagés les uns au-dessus des autres, propres au pâturage. Les expressions : *anssali el mal azeka sissilan*, nous ferons monter demain les troupeaux sur les plateaux ; — *Adrough sassali*, je vais sur la montagne, sont peu usitées mais encore comprises des habitants de la Grande Kabylie.

---

(1) Voyages dans l'Afrique centrale, t. III, p. 290.

Siliana, plateau du massif qui longe l'Oued-el-Kébir de la province de Constantine ; — *Ach-Salen*, plateau près du pont de Ben-Hini sur l'Isser, dans la province d'Alger ; — *Ad-Silanum*, station romaine sur les plateaux d'Aubrac, Cantal ; — *Silanu*, plateau dans l'Isère et le Var ; — *Sallent*, village en amphithéâtre à la base de la formidable pyramide blanche Peña Foratata des Pyrénées.

KEF.

En arabe, *kef*, pluriel *kifan*, signifie un relief rocheux ; montagne dont les flancs sont formés d'assises rocheuses, ou dont la crête s'allonge en muraille. Ce nom a dû être commun à la langue aryenne.

Kef (la ligne des), longue arête rocheuse, qui, dans la province d'Oran, marque d'une façon tranchée la séparation du Tell et des hauts plateaux ; — *Kef*, ville située sur un massif rocheux en Tunisie ; — *Roscoff*, bourg du Finistère ; — *Kefa*, ville de Russie ; — *Cévennes* (les), la forme primitive de ce nom était *Kifan*, longue chaîne de montagnes, en France, qui s'étend du col de Naurouge jusqu'au mont Pilat ; — *Genève*, cette ville est bâtie sur une hauteur rocheuse. Son nom s'est formé par l'inversion des deux dernières consonnes de *Kifan* et par l'adoucissement du son *k* prononcé *g*, et du son *f*, prononcé *v*.

LARI.

Dans le dialecte de la tribu berbère des Beni-Menassers, ce mot signifie : l'arête, le faîte de la montagne. Ce nom est commun à beaucoup de lieux-dits du territoire des Beni-Menassers, mais son usage en Algérie est à peu près circonscrit chez eux.

En France et en Espagne, les noms géographiques qui en dérivent sont fort nombreux.

MACTA.

En arabe, *quetha* signifie *couper, traverser, nquetha, coupé, traversé* ; sous cette dernière forme, il a dû être commun à des dialectes aryens. Les noms géographiques qui en dérivent veulent dire : pays coupé de cours d'eaux.

Tinbouctou. La description que M. Barth fait du Niger à Tinbouctou, fournit l'étymologie du nom de cette localité : « Les cours d'eaux argentés, qui traversaient ce pays désert, s'étendaient à de grandes distances, et le tout offrait un spectacle à jeter dans l'étonnement le voyageur qui se serait rendu vers cette époque à Tinbouctou, en arrivant par l'aride désert septentrional. C'est ainsi que des marchands étrangers, quittant les rives du grand fleuve de la Nigritie s'exagèrent *le nombre des rivières qui s'y relient.* Quelques-uns en admettaient jusqu'à trente-six, tandis que des cours d'eaux en sortent, et ne doivent, par conséquent, leur existence qu'à lui-même ; en effet, après avoir suivi pendant peu de temps la direction de l'intérieur du pays, ils retournent par la pente naturelle du fleuve dans un sens opposé ! (1) » Tinbouctou est donc situé en un point du Niger, où ce fleuve se partage en plusieurs bras, c'est ce qu'exprime son nom : *Tin-b-ouclou : Tin,* endroit ; *b,* du ; *ouclou,* (pays) coupé (de cours d'eaux) ; — *Macta,* nom que prend une rivière de l'Algérie, *le Sig,* au point où il se divise en plusieurs branches avant de se jeter à la mer ; — *Macta-el-Hadid,* lieu-dit de la province de Constantine ; — *Mageddo,* ville de Palestine, près de la mer ; — *Agde,* ville sur l'Hérault, au point où il se divise en plusieurs bras avant de se jeter à la mer ; — *Magdebourg,* ville d'Allemagne sur l'Elbe ; — *Magetobriga,* oppidum au confluent de la Saône et de l'Ognon.

---

(1) Voyage en Afrique, t. IV, p. 69.

MALA.

En sanscrit, *mâla* signifie montagne. Ce nom est formé du préfixe *m*, qui exprime une idée de spécialisation, et du sémitique *alu*, hauteur, montagne. En berber, *ali* veut dire *monter*. En Albanais, *malli*, montagne.

Milah, ville de l'Algérie ; — *Milianah*, ville de l'Algérie : — *Melila*, ville du Maroc ; — *Djebel-Amila*, montagne de la Syrie ; — *Milet*, ville de l'Asie-Mineure ; — *Maliana*, ville de la Perse, citée par Ptolémée.

Ce nom est commun à un grand nombre de localités de France sous les formes de *Milly*, *Maillé*, *Melle*, etc.

MER.

Ce mot est composé de *er*, montagne, et du préfixe *m*, qui exprime soit une idée intensive, soit une idée spéciale.

Djebel mir, montagne du sud oranais, Algérie ; — *Djebel amour*, massif montagneux au sud de Teniet-el-Had ; — *Mariéou* (1), chaîne de montagnes du Grand-Désert ; — *Mérou*. « Dans toutes les légendes de l'Inde, l'origine des humains est placée au mont Mérou, résidence des dieux, colonne qui unit le ciel et la terre (2) » ; — *Pamir*, vaste plateau de l'Asie centrale ; — *Moria*, colline de Jérusalem sur laquelle était bâti le temple ; — *Maures* (montagne des) Var, France ; — *Maurienne*, pays de la Savoie.

MSAL.

Ce nom est formé du radical *sal*, *asali*, singulier d'*Issilan*, *plateau*, et du préfixe *m*, qui exprime une idée de spécialisation. Ainsi, *sal* voulant dire *plateau*, *msal* signifie : le plateau (où est bâti le village), ou bien (où l'on va habituelle-

---

(1) Voyages en Afrique. Barth, t. I, p. 149.

(2) Histoire ancienne de l'Orient. F. Lenormant, p. 92

ment au bois), ou bien encore (qui sert habituellement de
pâture), etc., etc.

Msalla, plateau entre la mer et le lac salé d'Oran, Algérie ; — *Dra Msalla*, contre-fort qui s'épanouit sur la rive
gauche de la Tafna, Algérie ; — *Djebel msalla*, plateau de la
ligne de partage des eaux de l'Harrach et de l'Isser, Algérie ; — *Coudiat msalla*, à l'ouest de Mazouna, Algérie ; —
Msila, ville de la province d'Alger ; — *Msilah*, plateau au
nord de *Djidjelli*, Algérie. Les lieux-dits de ce nom sont
très nombreux en Algérie ; — *Moçoul*, ville sur la rive droite
du *Tigre*, que l'on suppose bâtie sur l'ancien emplacement
de Ninive ; — *Massilia*, actuellement Marseille ; « Trois
collines étaient antérieurement comprises dans l'enceinte,
la butte des Carmes, la butte des Moulins, et la butte
Saint-Laurent. » C'est à ce site que Marseille doit son
nom.

OR.

Ce mot est une variante de *her*, qui provient de la suppression dans la prononciation de l'aspirée *h* et comme *her*,
il signifie *montagne* :

Aurès, massif de montagnes de l'Algérie ; — *Djebel-or-ba-
la*, montagne de la Tunisie. Cette dénomination est composée de trois synonymes *djebel, or, bala*, qui marquent
trois âges différents dans la langue locale ; — *Ouarancenis*,
massif montagneux au sud d'Orléanville ; *ouaran* est le
pluriel d'*or* ; — *Djebel-Louaran*, montagne de la Syrie ; —
Ararat, montagne de l'Arménie. Ce mot est formé par le
redoublement d'*or*, pour exprimer une idée intensive, c'est-
à-dire que l'*Ararat* est la plus haute montagne du pays ; —
Aryaratha, montagne que les Aryas regardaient comme le
berceau sacré de l'humanité ; — *Côte-d'Or*, pays de France ;
— *Monte-d'Oro*, montagne de la Corse.

RHAT.

Ce mot a dû être usité dans la langue aryenne avec le sens de : *montagne au flanc en muraille*.

Rhat, ville du Sahara, située au pied d'une montagne au flanc abrupte ; — *Rhattas* (les monts), de l'Inde ; ils bordent le rivage de la mer en se dressant comme des quais gigantesques ; — *Ratte* (la), partie d'une chaîne, aux environs de Besançon, qui est à pic sur une étendue de plusieurs centaines de mètres.

RÈME-N-MEDEN.

D'après M. Barth, les Touareg appellent *Rème-n-meden*, le lieu où s'assemblent les nobles pour délibérer sur les affaires publiques. Cette expression s'analyse ainsi en langue berbère : *rim*, s'asseoir à terre, *n*, préposition de liaison, *meden*, hommes. En effet, dans l'antiquité, les hommes de condition libre se réunissaient pour délibérer, assis à terre, le bouclier d'une main et la lance haute. Xénophon rapporte, dans sa relation de la Retraite des Dix-Mille, que l'armée ayant résolu de frapper la ville d'Héraclée d'une contribution, l'un des chefs dit : « Choisissons des députés. Envoyons-les sur le champ à Héraclée, *pendant que nous resterons assis en ce lieu*, et quand ils nous auront fait leur rapport, nous aviserons. »

Rème-n-meden a donné lieu à trois séries de noms de lieux, suivant les abréviations dont cette expression a été l'objet : *Rème*, *Nmeden* et *meden* :

Rome. Tout porte à croire que ce nom est une abréviation de *Rème-n-meden*. Rome était contiguë, lors de sa fondation, à une ville plus ancienne, *Quirium*, et c'est sur l'emplacement du lieu d'assemblée de Quirium qu'elle a été bâtie. La tradition rapporte « qu'on creusa un grand trou au lieu où devaient être les comices, et que chacun des assistants jeta dans le trou une poignée de terre apportée de son pays, car il y avait là des réfugiés des diverses contrées d'alentour ; on mêla le tout, et, selon l'usage étrusque, on nomma cet endroit *mundus* (1). » Il est à remarquer que le rapprochement des noms *Rome* et *mundus* reconstruit précisément l'expression berbère *Rème-n-meden*, car *mundus* ne diffère de *meden* que par l'inversion des deux dernières consonnes ; — *Reims*, ancien oppidum de *Rèmes* ; — *Reomé*, ville de la Côte-d'Or.

Je crois que les noms de lieux de la forme, *Vernemetum*, *Augusto-Nemetum*, *Nemetocenna*, *Nemetobriga*, etc., etc., dérivent de *n-meden*. L'expression grecque *Dry-nemetum*, sanctuaire, veut dire mot-à-mot : le lieu planté de chênes où l'on s'assemble. Il était de tradition dans l'antiquité de ne pas élaguer les chênes des lieux d'assemblée, ce qui leur donnait le caractère d'un sanctuaire. Aujourd'hui, il en est encore ainsi en Algérie, où ces lieux de réunion sont plantés d'oliviers qu'on n'élague jamais, et que nous avons nous-mêmes appelés *bois sacrés*.

Les noms de lieux appelés *Mediolanum* par les Romains me semblent s'identifier à *meden*. On a vu dans la première partie de cette dénomination, *medio*, le mot latin signifiant *milieu*, *centre*, et dans la seconde, *lanum*, un mot celtique voulant dire *territoire*, de sorte que la traduction de *mediolanum*, serait : *le centre du territoire*, et on a fait valoir à l'appui de cette interprétation que les tribus plaçaient naturellement le lieu de leur assemblée au centre de leur territoire. Cette raison est démentie par les faits, et il est bien plus logique de voir dans *mediolanum*, non pas un mot latin et un mot celtique. mais deux mots celtiques, dont l'un serait *med*, abréviation de *Rème-n-meden*.

A *meden* se rattachent aussi :

---

(1) Revue des Deux-Mondes, 15 février 1855, p. 673. L'Histoire romaine à Rome. Ampère.

Médéah, ville de l'Algérie ; — *Media*, ville de la Tunisie ; — *Madena*, lieu dit au sud de Saïda, Algérie ; — *Modène*, ville d'Italie ; — *Modane*, ville de la Savoie ; — *Minden*, ville de la Westphalie ; — *Gemund*, nom commun à plusieurs villes de l'Allemagne ; — *Modon*, port et ville forte de la Grèce, Péloponèse.

SAL.

Ce mot n'est plus usité en berber pour désigner un *plateau*, mais il a conservé dans les dialectes, le kabyle, par exemple, des acceptions qui ont une parenté étroite avec ce sens. *Sal* est, du reste, le singulier d'*Issilan*.

Djebel-Sal, montagne près d'Aumale, Algérie ; — *Djebel Salat*, montagne près de Bou-Sâada ; — *Coudial-Solla*, mamelon sur la rive gauche de Cheliff, chez les Ouzaghera.

Dans ces noms de lieux, *djebel* et *coudial* sont la traduction arabe de *sal*, qui est devenu un nom propre, lorsqu'il n'a plus été compris.

Taçoul, ville du Maroc, qui occupait trois collines, à 9 lieues nord-ouest de Taza ; — *La Silia*, plateau des Appenins, dans le royaume de Naples ; — *Le Salon*, plate-forme du sommet du pic du Gers.

SEB.

En arabe, *seb* veut dire *verser de l'eau, arroser, pleuvoir* ; *seb nou*, *il pleut*. Dans les noms géographiques suivants, il a le sens de *rivière*, et particulièrement de *rivière sujette à déborder*. *Seb* a dû être commun à la langue aryenne avec ce dernier sens.

Sabaou, fleuve de la Grande Kabylie ; — *Sebou*, fleuve du Maroc ; — *Seybouze*, fleuve de l'Algérie ; — *Save*, rivière de la Germanie, qui sort des Alpes Carniques et tombe dans le Danube à Belgrade ; — *Sabis* (1), rivière de la Gaule Cisalpine ; — *Saro*, rivière de la Campanie.

SEG.

En arabe, *saguia*, ruisseau ; *isegui*, arroser. On le relève avec le sens de *rivière sujette à déborder*, dans les noms géographiques, et comme tel, il a dû être commun à la langue aryenne. Il avait aussi le sens de *source*.

Sig, rivière de la province d'Oran, Algérie ; — *Oued-Sagouen*, rivière de la province d'Oran, Algérie ; — *Oued-Sageyel*, rivière de la province d'Oran, Algérie ; — *Seguen*, affluent de l'oued Bou-Merzoug, province de Constantine. Cette rivière portait le nom de *Sigus* à l'époque romaine ; — *Amsaga* (2), actuellement Oued-el-Kebir. Dans ce nom, le préfixe *am* exprime une idée intensive et a été traduit en arabe par *el Kebir*, le grand. Il a été relevé sur un monument épigraphique élevé aux sources du Bou-Merzoug :

Genio fluminis catu amsaga sacrum Caius Arruntius Faustus Arruntii Proculi filius, magistratus permisso ordinis, suis pecuniis fecit idemque dedicavit liberi animo.

Autel en l'honneur du fleuve Catu-Amsaga, Caius Arruntius Faustus, fils d'Arruntius Proculus, magistrat du bourg, l'a fait élever à ses frais, et l'a dédié en toute liberté de conscience avec l'autorisation du conseil municipal ; — *Sigus*, ruines d'une ville antique, que l'on suppose être l'ancienne capitale du roi Syphax, sur les bords de l'Oued-Seguen, affluent de l'Amsaga ; — *Siya*, ruines d'un comptoir phénicien, à l'embouchure de la Tafna ; — *Sagapolo*, nom que Ptolémée donne à la montagne où son Niger l'Oued-Guir actuel prend sa source. La carte du Maroc mentionne cette montagne sous le nom de Saghareren ;

---

(1) Origines indo-européennes. A. Pictet, t. I, p. 130.

(2) Ce mot est écrit par Saluste, Ampsaga.

— *Sâghen*, flaques d'eaux pluviales persistantes dans la plaine de l'Igharghar, du pays des Touareg ; — *Siga*, à mi-chemin de Frenda à Geryville ; — *Sieg*, affluent du Rhin ; — *Sieg*. « Bonaparte qui, de Nice, était allé au camp du *Sieg*, le 5 août 1794... » — *Sigman*, la Leyre (Landes) ; — *Sequana*, la Seine ; — *Sagona*, la Saône ; — *Sequana*, l'Arc, affluent de l'Isère ; — *Seganne*, affluent de la Sioule (Puy-de-Dôme) ; — *Segodunum*, ancienne ville, actuellement Rhodez, sur l'Aveyron ; — *Segobodium*, ancienne ville sur la Saône ; — *Segusio*, ancienne ville, aujourd'hui Suze, sur la Doire ripuaire ; — *Segestæ*, ville ancienne sur la Save, Illyrie ; — *Siguenza*, autrefois Segoutia, sur le Xenarès, Espagne ; — *Aquæ Segestæ*, entre Auxerre et Orléans ; — *Aquæ Segestæ*, aux environs de Montbrison ; — *Segesta*, sur le littoral de l'Adriatique ; — *Segobriga*, aujourd'hui Priego, Espagne ; — *Segobriga*, aujourd'hui Segorbe, Espagne.

M. d'Arbois de Jubainville a rattaché le mot *seg* à une racine sanscrite voulant dire « fortifié », et le mot bien connu *briga*, à une racine celtique, signifiant « colline », de sorte que *segobriga* signifierait la *montagne fortifiée* (1). Mais le mot *briga* signifie aussi *forteresse*, et la signification *rivière, source*, du mot *seg*, résulte de ses nombreuses applications dans les noms géographiques ; dès lors, il semble plus exact de voir dans *segobriga* le sens de *la forteresse de la rivière, ou de la source*.

SEN.

Ce mot a le sens de *montagne* dans les noms géographiques suivants :

Ovarancenis, massif montagneux au sud d'Orléanville, Algérie. Ce nom est composé de deux synonymes, *Ouaran* et

---

(1) Les premiers habitants de l'Europe, p. 226.

cenis ; — *Sinaï* (le mont), Arabie ; — *Sion*, colline sur laquelle s'étendait Jérusalem ; — *Sana* (1), ville du Yémen, sur une éminence ; — *Cenis* (le mont), France, nœud des Alpes cottiennes et des Alpes grecques ; — *Senne*, montagne de la Westphalie ; — *Bacenis*, nom de lieu cité par César (2). C'est le Hartz, selon Cellarius. Ce nom est altéré par l'agglutination d'une préposition *b* ; — *Mycènes*, Grèce. « Cette ville était bâtie sur une montagne qui se détache entièrement des montagnes voisines (3). » Cette particularité est précisément exprimée par le préfixe *m*, qui ajoute une idée de spécialisation au sens de *cen*, *sen*, montagne ; — *Messenie*, Grèce, Péloponèse, une des contrées les plus pittoresques de la Grèce.

SIL.

Ce mot signifie en arabe, *eau qui coule* ; il a dû être commun aux dialectes aryens avec le sens de *rivière*.

Oued-Isly, rivière du Maroc, sur les bords de laquelle le maréchal Bugeaud remporta une grande victoire sur les Marocains ; — *Oued-Seli*, rivière au sud de Bône, Algérie.

Dans ces noms, *Oued* et *Ily* sont synonymes, et leur forme composée prouve que *ily* était en usage antérieurement à l'invasion arabe, bien que sa racine soit arabe.

Seille, affluent de la Saône ; — *Salat*, affluent de la Garonne ; — *Silis*, rivière de la Vénitie. — « Suivant Pline, le Tanaïs et le Yaxartes étaient appelés *silis* par les Scythes (4). » — *Syl* (5), rivière de la Valachie.

---

(1) M. Schlumberger y a découvert un trésor de plus de deux cents pièces de monnaies himyaritiques, antérieures à l'islamisme.

(2) Commentaires de César, t. I, p 313.

(3) Revue des Deux-Mondes, 1er mai 1832, p. 317.

(4) Origines indo-européennes, t. I, p. 139.

(5) id. t. I, p. 144.

TASSILI.

Dans le dialecte berber des Touareg, *tassili* veut dire . *plateaux élevés et étagés propres au pâturage*. Il a le même sens qu'*Issilan*, et même racine, *sal*. Le *Tassili* est une *alpe* dans le langage des pâtres de la Suisse. Tout *Tassili* est désigné également sous le nom d'*adrar*, qui signifie *montagne*, dans une acception abstraite.

Tassili (le), dit des Azguer, pays des Touareg ; — *Tassili* (le), dit des Ahaggar, pays des Touareg. « Il s'élève, dit M. Henri Duveyrier, par gradins superposés, surplombés par un dernier plateau, l'Atakor-n-Ahaggar, au centre duquel s'élèvent deux pics jumeaux, Ouatellen et Hikena.

Des Touareg venus à Alger en 1878 m'ont signalé dans leur pays d'autres *tassili* de moindre importance :

Un *tassili* entre les Ksours Hirafek et Mertoutek ; — un *tassili* près de Mertoutek ; — un *tassili* entre les Ksours Iguelouga et Tafigua ; — un *tassili* entre les Ksours Idelès et Tazerout ; — un *tassili* entre Ia-Magued et Hirafek ; — *Tessala*, la plus haute montagne de la province d'Oran ; — *Tassilia*, montagne près de Cherchell ; — *Tesselah*, cité dans un bulletin du général anglais Graham, daté de Souakim, 1885, disant que ses troupes s'avancent sur Tamaï, et qu'elles ont occupé la montagne *Tesselah* ; — *Tasselant*, montagne de la Grande Kabylie, à côté du bordj de Ben-ali-Chérif.

Les appellations *tassili* et *adrar*, sous lesquelles les Berbers désignent une montagne, suivant qu'ils l'envisagent comme un plateau propre au pâturage, ou simplement comme un relief, éclaire un texte de Strabon et fournit en même temps l'étymologie du mot grec *Atlas*. « En avançant au-delà des colonnes d'Hercule, dit Strabon, et laissant l'Afrique à gauche, on rencontre une montagne que les Grecs appellent Atlas et les Berbers Dyrin. » Le mot *atlas* n'est autre que le berber *tassili* que les Grecs se sont appropriés en inversant par euphonie les deux dernières consonnes :

$$
\begin{array}{ccccc}
\text{T} & \text{a} & \text{SS} & \text{i} & \text{Li} \\
\text{a} & \text{T} & & \text{L} & \text{a} \quad \text{SS}
\end{array}
$$

Dyrin est le pluriel *idraren* qui a été écourté par la suppression d'une consonne. Les Grecs tenaient donc l'un et l'autre mot des indigènes, et cette montagne était appelée *tassili* quand on voulait exprimer qu'elle était formée de plateaux élevés propres au pâturage, et *idraren* lorsqu'on n'envisageait en elle qu'un relief.

Tasselot, montagne de la Côte-d'Or, où la Seine prend sa source ; — *Tassilé*, village de la Sarthe sur les flancs d'un plateau ; — *Tassily*, village de l'Orne sur les flancs d'un plateau ; — *Thessalie*, chaîne de montagnes de la péninsule hellénique.

TINERI.

Dans le dialecte touareg, ce mot signifie *vallée, plaine* (1). En sanscrit, *arana*, qui n'est autre que *tineri*, dépouillé d *t* initial faisant l'office d'article, et dont les deux dernières consonnes ont été inversées, a le même sens.

Tineri, vallée au pied du versant nord du Jurjura ; — *Tanira*, vallée de la province d'Oran, au sud de Sidi-bel-Abbès ; — *Tonnara*, île de la Tunisie, en face de Monaster ; — *Tanaro*, vallée de l'Italie ; — *Tonnerre*, ville située dans la vallée de l'Armançon ; — *Tanoron*, ville située dans la vallée de la Besse (Basses-Alpes) ; — *Tenarre*, hameau dans la vallée de la Saône ; — *Tanerre*, ville dans la vallée de Braulin (Yonne) ; — *Teneur*, ville dans la vallée de Ternoise (Pas-de-Calais).

D'autres noms de la forme Tournus, Ternan, dont les deux dernières consonnes ont été inversées, dérivent également de *Tineri*.

---

(1) Essai de grammaire tamachek. Général Hanoteau, p. 25.

Le mot *tanaro* a été relevé sur plusieurs pierres votives de la Gaule, et on a vu en lui le nom d'un dieu gaulois ou un surnom de Jupiter. Lucain le cite sous la forme inversée *tanaris*, qu'on a rapprochée de notre mot *tonnerre*, en en faisant un dieu des Celtes, celui qui lance la foudre. La traduction de *tanaro* par *vallée* semble plus exacte. Ainsi l'inscription I. O. M. TANARO signifierait : au Jupiter, très bon, très grand (protecteur) de la vallée, au lieu de : au Jupiter, très bon, très grand, *tanarus*. C'est d'autant plus plausible que toutes les pierres votives qui portent ce nom ont été élevées exclusivement dans des vallées. Pareillement, au lieu de voir un autre surnom de Jupiter dans les inscriptions votives, relevées en pays de montagnes : *Jori pennino, jori apennino, jovi peno*, il convient de les traduire : au Jupiter (protecteur) de la montagne.

TIZI.

Ce nom est commun à tous les dialectes de la langue berbère avec le sens de *col*.

Tizi-ouzou, poste militaire de l'Algérie ; — *Beni-Tizi*, tribu au sud de Bougie, les habitants du col ; — *Thizy*, village aux abords d'un col, qui met en communication Amplepuis et Roanne par la montagne ; — *Taizé*, village de Saône-et-Loire, près du col qui sert à passer du bassin de la Grosne dans celui de La Guye ; — *Thézy*, col du Jura, à une altitude de 693 mètres, dominé à droite et à gauche par deux mamelons, l'un à la cote 721, l'autre 709 ; — *Thizy*, village de l'Yonne, près du col entre le bassin du Sercin et celui de l'Armançon ; — *Tizi-aouza*, chenal du port de Roskoff, France ; — *Thézan*, village des Pyrénées-Orientales, en plaine, mais il est probable qu'il tient son nom d'un chenal qui le reliait à la mer ; — *Thiézac*, village du Cantal sur la Cère ; en amont sont les gorges du pas de Compainz, et en aval, celles du pas de la Cère, les plus grandioses de la France centrale ; — *Thèze*, village des Basses-Alpes, à 15 kilomètres de Sisteron, sur la rive gauche de la rivière, en un point resserré par la chaîne qui le borde.

TOSSE.

Ce mot est une variante phonique de *Tizi*, et il en a le sens. Barth a cité dans la relation de son voyage au Soudan, un lieu-dit de ce nom. « Nous retrouvâmes la rive du fleuve, dit-il, au point remarquable *Tossaïe*, où le *majestueux Niger se rétrécit entre deux rives escarpées*, jusqu'à une largeur de 200 à 250 pas seulement (1). »

Lulèce, ancien nom d'un oppidum situé dans une île de la Seine, actuellement Paris. Si on dépouille ce nom de l'*l* initial, article qui s'y est agglutiné, il reste *lèce*, dont le sens peut se rattacher au fait qu'en ce point le lit de la Seine se rétrécit par sa division en deux bras ; — *Thoissey*, ville de l'Ain, aux abords de la Saône; — *Tessin*, affluent du Pô. M. Alfred Maury rapproche *Tessin* du mot grec *teichos*, barrière ; — *Ticinus*, rivière du Brutium, Italie.

Ces termes génériques signifiant : *la montagne, la colline, la rivière*, etc., qui ont donné naissance à ces noms géographiques, sont évidemment aryens, et ont été introduits dans la langue berbère par un élément aryen, l'aristocratie des Touareg et ses congénères de l'Afrique septentrionale.

MOTS COMMUNS AUX VOCABULAIRES BERBER ET ARYEN.

J'ai relevé dans le berber des mots communs à la langue aryenne. Tous n'y ont pas été introduits sans doute par le

(1) Voyages en Afrique. Barth, t. IV, p. 140.

contact d'aristocraties aryennes avec les aborigènes, mais quelques-uns peuvent avoir cette origine, et il m'a paru utile de les signaler :

Berber	Sanscrit
aioug, bœuf,	*gó*, vache,
aïs, cheval.	*açava*, cheval,
akham (1) maison,	*grama*, village,
asemilh (2), le froid,	*hima*, hiver,
igni, ciel,	*agni*, le feu céleste,
tafsouilh (3), la fin du prin-	*vasanta*, printemps,
temps,	
likchert, écorce,	*krtti*, écorce de bouleau,
tineri (4), vallée, désert,	*arana*, vallée, désert,
liziri, lune,	*souria*, la lumière céleste,

berber	zend
amhrid, serf,	*hamrid*, homme impur,
bogud, roi,	*baga*, roi,
likchert, écorce,	*carthah*, peau,
aioug, bœuf,	*guo*, vache, taureau.

berber	grec
naïl, gens d'une même fa-mille, tribu,	*elnos*, nation,
aouelaï, année,	*elos*, année.
dan, chêne,	Le sanctuaire de Dodone

Le sanctuaire de Dodone était placé au milieu d'une forêt de chênes. Le nom de

(1) La langue berbère a fait pareillement du sémitique dar, maison, le mot tadart, village.

(2) Le son s provient de la transformation phonique du son h.

(3) Le son f s'est adouci et s'est transformé en son v.

(4) Tineri et arana ne diffèrent que par la suppression dans ce dernier mot du t initial faisant l'office d'article, et par l'inversion des consonnes n et r.

ifriouen, feuilles.
iguer, champ de culture.
Lari, ligne de faîte, arête d'une montagne.

leledh, téter.

berber

agui, ce, cet, cette.
ali, monter.

ara, cour de maison,
alemoun, timon.
ger, eau, source.

iaçomma, dormir.
imensi, dîner.
orti, jardin.
oulemou, orme.
saga, vêtement.
tabourt, porte.
taseca, maison.

berber

abrid, chemin.

Dodone semble se composer de *do,* Dieu et *done* chêne.
fullone, feuilles.
agros, terre labourable.
Larissa, nom que les Pélasges donnaient aux citadelles bâties sur une éminence.

télé, mère, nourrice.

latin

hic, hæc, hoc.
ala, aile d'oiseau, membrane à l'aide de laquelle un oiseau s'élève dans l'air.
area, cour de maison.
timo, timon.
Egérie, la nymphe des fontaines.

somnus, sommeil.
mensa, table.
hortus, jardin.
ulmus, orme.
sagum, vêtement.
porta, porte.
casa, maison.

cellique

Ver-g-obret, titre d'une magistrature gauloise. On a vu dans *Vergobret,* les mots celtiques *faar-go-breith,* qu'on a traduit : l'homme qui rend des jugements. Il semble plus exact de rapprocher *obret* du berber *abrid* et de traduire *vergobret* : le chef chargé de la direction de la tribu. La préposition dans *vergobret* est usitée en berber.

ales, homme avec le sens du latin *vir*.

alleu, terre possédée en toute propriété par un homme libre. On a fait dériver ce mot de *all*, tout, et de *od*, bien. Cette dérivation parait d'autant moins justifiée que ce mot a le sens d'homme noble dans *Alemani*, *Alani*.

assala, plur. *issoulan*, poutres étagées parallèlement pour former la charpente d'une maison.

essilons, vieux mot français, échelons étagés parallèlement.

acif, thalweg principal d'un bassin, collecteur des affluents. Sous la forme *sof*, ce même mot veut dire groupe d'hommes de la même faction.

Cyfrinach, titre du mystère des Bardes, qui est un recueil de chants ; *cyf*, recueil, et *rinach*, chants.

dan, chêne.

tann, chêne.

ger, rivière, lac.

gour, est encore usité dans plusieurs patois avec le sens de mare, lac, ruisseau, et pour désigner la partie d'un cours d'eau au-dessous d'un barrage.

orli, jardin.

curtil, jardin attenant à la maison.

Les mots berbers suivants ont de l'analogie avec des mots français, qui laissent sous-entendre une racine celtique comme intermédiaire.

amadjen, dîner. — manger.

ameri, ami. — *ami*, aimer.

amerguach, marcheur. — marcheur.

amerzagou, amer. — amer.

aurora, aurore. — aurore.

bet, sachet. — boîte.

bolta, pot. — pot.

edeyen, dunes. — dunes.

gorzi, gorge. — gorge.

issi, os. — os.

iserrer, écharrer. — écharrer.

ileress, terrasse. — terrasse.

metch, manger. — miche, pain.

mri, miroir. — miroir.

oror, or. — or.

sal, estrade où couche la famille dans les maisons kabyles; — plate-forme au haut d'un arbre servant d'observatoire; — surface plane d'une meule de paille, à partir de laquelle on la termine en cône pour l'abriter contre la pluie; claie dressée horizontalement sur quatre bâtons, sur laquelle les kabyles font sécher les figues ; plateau, montagne. — *selle*, planche placée horizontalement sur un baquet pour laver le linge ; *selle* pour monter à cheval, primitivement plate.

selle, siège pour s'asseoir.

seuil, marche.

sol, pour battre le grain.

ladjenoul, nuage. — nuage.

tenast, chaîne. — chaîne.

tikamist, chemise. — chemise.

tsoussou, tousser. — tousser.

tissila, souliers. — souliers.

zaglou, sangles. — sangles.

berber	*tudesque*
aguelid, roi.	*geld*, monnaie royale.
ger, eau.	*œgir*, le dieu des eaux.

berber	*slave*
bogud, roi.	*bog*, roi.
deman, chef d'un quartier dans un village.	*douma*, conseil municipal.

FORMES GRAMMATICALES COMMUNES AUX LANGUES BERBÉRE ET ARYENNE.

Je ne tire aucune induction de ces analogies grammaticales, mais j'ai pensé qu'il n'était pas sans intérêt de les mentionner.

PRÉFIXE I.

En berber, les noms masculins pluriels commencent généralement par le son *i* (1), et, en particulier, les ethniques *Igaouaouen*, *Iflissen*, *Imzalen*, etc...

Ce son *i* s'est conservé dans les ethniques indo-européens : *Iglétes*, peuple d'Espagne ; *Iron*, peuple du Caucase ; *Iran*, nom sous lequel se désignaient aussi les Perses.

PRÉFIXE T, TH

En berber, les noms féminins commencent par un *t* ou *th* au singulier et au pluriel (2).

En anglais, le même son initial *the* devant les substantifs sert à désigner tous les genres et tous les noms.

Un grand nombre d'ethniques indo-européens commen-

---

(1) Essai de grammaire kabyle. Général Hanoteau, p. 13 et 22.
  —   timachek.   —   p. 15 et 20).
(2)   —   kabyle.   —   p. 16.
  —   tamachek.   —   p. 15.

cent par ce même son *t* ou *th*. Ex : Thraces, Troyens, Trères, Triballes. Dans ces ethniques, le t initial est tout à fait étranger à leur racine, comme dans les substantifs berbers auxquels il est agglutiné pour marquer leur genre.

PLURIEL PAR N FINAL.

En berber, cette forme plurielle est la plus générale ; elle s'applique aux noms de toute espèce, et l'on pourrait l'appeler la forme régulière du pluriel (1).

En allemand, la même marque du pluriel par *n* final est très fréquente.

PLURIEL PAR A FINAL.

En berber, le pluriel est parfois indiqué par *a* final. Ex. : *amergou*, grive, pluriel *imerga ; azalgou*, joug, pluriel *izougla*.

Il en est de même, en latin, des noms : *corpus*, plur. *corpora ; nemus*, bois, plur. *nemora*, etc.

En berber, les signes du génitif marquant l'action du substantif sur un autre, s'expriment en plaçant devant le substantif gouverné l'une des prépositions B, G, N (2).

PRÉPOSITION B.

Exemples de son emploi en berber : *allen b-ouschen* les yeux du chacal ; *oudem b-ourgaz* le visage de l'homme.

L'usage de cette préposition dans les dialectes indo-européens se montre dans les mots suivants auxquels elle reste agglutinée :

---

(1) Essai de grammaire kabyle. Général Hanoteau, p. 22.
      —   tamachek,   —   p. 20.
(2)   —   kabyle, p. 38, 41, 43.
      —   tamachek, p. 26.

Bigorre, massif de montagnes des Pyrénées ; radical *gor*, montagne au sommet pointu ; — *Bacenis*, lieu cité par César ; c'est le *Hartz*, selon Cellarius ; radical *cenis*, montagne.

Pinde, cours d'eau de la Gréce ; radical *ind*, rivière ; — *Baal*, divinité des Chaldéens, des Babyloniens et des Phéniciens : radical *al*, Dieu ; — *Basques*, peuple des Pyrénées dont le nom national est *Euskes* ; — *Brenn*, chef militaire chez les Gaulois, sorte de barde qui parcourait les tribus en chantant des strophes héroïques pour enflammer la jeunesse et l'entraîner à s'enrôler ; radical *renn*, chants. Ce radical se retrouve dans le titre du mystère des Bardes, *Cyfrinnach*, recueil de chants.

PRÉPOSITION G.

En berber : *thafath g-ithri*, la lumière de l'étoile ; *aman d-irzer*, l'eau du ruisseau.

Dialectes aryens. En latin, *catena*, chaine ; radical *tena*, prononcé aussi *chena*. — En celtique, *Ver-g-obret*, titre d'une magistrature gauloise.

PRÉPOSITION N.

En berber : *medden ne temdint*, les gens de la ville ; *afrioun en timellioüin*, les ailes des tourterelles.

Dialectes aryens : *nemeta*, nom grec signifiant sanctuaire ; ce mot se retrouve en berber sous la forme *rème-n-medden*, lieu d'assemblée. Les Grecs se sont appropriés cette expression en supprimant le premier mot *rème*, et en agglutinant la préposition N au second.

C'est de la même manière que le radical berber *ger*, *guir*, *djir*, *righ*, s'est transformé sous la plume de Pline, de Ptolémée ou de leurs copistes, en *niger*. Dans certains dialectes libyques, un i préfixe est souvent ajouté au radical ; exemples : *igharghar, iahaggaren.* Ainsi, *ger* est d'abord devenu *iger.* Puis, souvent, un N conjonction lie le mot qui précède au mot qui suit; exemples : *alakor-n-ahaggar, adehi-n-ouaran, afara-n-wochcheren.* Ainsi, *iger* est devenu *N-iger,* et, par abréviation, on aura écrit *Niger* en retranchant le trait d'union (1).

Le mot celtique *Nivre,* berge, s'est pareillement formé par l'agglutination de la préposition N.

FORMATION DES DIMINUTIFS PAR UN SUFFIXE T OU TH.

En berber, le diminutif du nom masculin se forme à l'aide de l'élément *t* employé comme préfixe et comme suffixe (2). Ex. : *irzer,* ruisseau, *thirzerth,* ruisselet ; *iger,* champ, *thigerth,* petit champ. Le préfixe indique plus particulièrement le genre féminin des diminutifs, et le suffixe, le diminutif.

En français, beaucoup de diminutifs se forment par le son final *t.* Ex : maison, maisonnette ; hache, hachette ; serpe, serpette ; ruisseau, ruisselet.

PRONOM DÉMONSTRATIF.

En berber, nos mots démonstratifs *ce, cet, celle, ces,* se rendent en kabyle par le mot invariable *agi* placé après le nom (3). *Agi* se prononce *agui.* Ex. : *aserdoun agi,* ce mulet-ci ; *argaz agi,* cet homme-ci ; *thamethout agi,* cette femme-ci ; *irgazen agi,* ces hommes-ci ; *thoulaouin agi,* ces femmes-ci.

En latin, *hic, hæc, hoc,* ce, cet, celle.

---

(1) Les Touareg du Nord. II Duveyrier, p 470.

(2) Essai de grammaire kabyle, p. 47.
—   tamachek, p. 29.

(3) Essai de grammaire kabyle, p. 60.

PRÉFIXE M.

En berber, ce préfixe ajoute une idée d'accentuation au mot auquel il est joint. Ex. : *amsaga*, la grande rivière, radical *seg*, rivière.

On relève ce préfixe avec le même sens dans nos mots : *Macérer*, radical *acérer* ; — *Mâcher*, radical *hâcher* ; — *Magot*, radical celtique *ayot* ; — *Malla*, montagne, radical celtique *al*.

PRÉFIXE S.

En berber, ce préfixe est joint parfois à des mots exprimant une idée de hauteur et en accentue le sens. Ex. : *S-oufella b-oudrar*, en haut de la montagne ; *s-oufella ne-tsella*, en haut de l'arbre (1).

Dialectes aryens : notre mot *sile*, en celtique *seide*, semble formé par l'agglutination d'un préfixe S au radical *al*, qui signifie colline. Le nom d'une ville de la Grèce, *Sellines*, aurait été formé de même. Je suis porté également à croire que les deux sons S du nom de Sicile, dont la racine est *al*, montagne, ne sont autres que le préfixe S redoublé accentuant le sens de la racine, comme le justifie l'aspect tout spécialement montagneux de la Sicile. Ces deux sons S se retrouvent dans l'ethnique Masséssyliens, sous lequel sont désignés collectivement les tribus de la Grande Kabylie et qui signifie : les habitants des pays montagneux par excellence.

PARTICULE D.

En berber, placée devant le verbe, cette particule lui donne le sens du futur absolu. Ex. : *ouraer*, je joue ; *adouraer*, je jouerai.

---

(1) Essai de grammaire kabyle, p. 228.

En anglais, la même particule *d*, employée en suffixe, transforme dans un verbe le temps présent en temps passé. Ex. : *Ilove*, j'aime ; *iloved*, j'ai aimé.

Parmi ces données linguistiques, beaucoup suffisent à établir que l'aristocratie des Touareg a parlé primitivement la langue aryenne, et qu'elle l'a délaissée peu à peu pour adopter la langue des aborigènes, la langue berbère.

En résumé, le nom que se donne l'aristocratie des Touareg, ses caractères physiques, son costume, ses institutions sociales, sa religion et sa langue primitives en font un essaim d'Aryas, en même temps qu'ils permettent de reconnaître que des aristocraties de même race ont dominé dans l'Afrique septentrionale entière.

IV

Les Aryas, d'après les données résultant de cette étude.

1° Leur berceau.

Quelques indices de l'Avesta et des Védas ont fait placer le berceau de la race aryenne dans la Bactriane, bornée au sud par les monts Hindou-Khouch, au nord par le fleuve Oxus, qui la séparait de la Sogdiane, à l'est par la chaîne du Belourtagh, et à l'ouest par les territoires de Merw et de Hérat. « Aux avantages d'un climat tempéré et d'un sol varié et fertile, la Bactriane, joignait ceux d'une position centrale géographiquement parlant, position qui lui a donné dans l'antiquité sa haute importance politique et commerciale. Elle était éminemment propre à servir de berceau à une race vigoureuse (1). » Les documents nouveaux que je viens d'exposer n'apportent aucune modification à cette fixation de l'antique patrie des Aryas.

2° L'époque de leur apparition.

Les savants diffèrent beaucoup sur l'époque à laquelle remonte l'entrée des Aryas sur la scène du monde. « Suivant toutes les probabilités, dit M. Pictet, on ne saurait placer les premières émigrations aryennes à moins de trois mille ans avant notre ère, et elles remontent peut-être plus haut encore (2). » « Nos véritables ancêtres, dit Max Müller, reposent ensevelis dans cette partie centrale de la race aryenne, d'où émigrèrent, à une époque bien antérieure au XVᵉ siècle avant notre ère, ceux qui apportèrent à l'Inde la langue des Védas, et aux rivages de la mer Egée, la langue des poèmes homériques. »

La domination aryenne ayant embrassé toute l'Afrique septentrionale, l'Egypte offre un précieux point de repère pour en fixer approximativement la date. Ses traces y apparaissent dès l'ouverture de son histoire. C'est d'abord le nom de l'Egypte, *masr*, le *misraim* des Israélites, le *masuri* des inscriptions assyriennes, qu'on relève aussi dans les annales hébraïques sous la forme *mezor*, analogue à *mazir*, une des variantes du nom de la race aryenne. C'est ensuite le nom de son premier pharaon *Ménès*, qui s'identifie à celui de *Monou*, l'ancêtre mythique d'une branche des Aryas qui se plaisait à rappeler ce nom dans ses dénominations de tribus et de personnes. Beaucoup de pharaons l'ont porté : Améni, Amen-Mha, Mentou-Hotep, Menphta, etc., etc. Le titre même de *pharaon* est identique à celui de *faron*, qui était un titre de noblesse en Germanie.

(1) Les Origines indo-européennes, t. I, p. 11.
(2)   —   t. I, p. 539.

Dès Ménès, tous les traits distinctifs de l'état social aryen existent en Egypte : une royauté plus honorifique que réelle, une noblesse souveraine, toujours en lutte avec la royauté, des clients, des serfs, un culte prohibant les temples, les statues et les images.

On peut en induire que la conquête aryenne de l'Egypte était consommée au temps de Ménès, même celle de la Libye, dont il serait question dans les annales de l'Egypte si elle avait eu lieu après le règne de ce pharaon. D'autre part, la position de l'Egypte par rapport au berceau des Aryas montre que la conquête de l'Asie occidentale a dû précéder celle de l'Egypte. Dès lors, l'apparition des Aryas sur la scène du monde doit être bien antérieure à l'époque de Ménès, c'est-à-dire à l'an 5000 avant notre ère.

Les Pelasges nous fournissent d'autres indications. Platon reporte à treize mille ans avant notre ère leur présence en Grèce. Or, les Pelasges étaient des essaims aryens. La conquête aryenne de l'Europe serait donc antérieure à l'an 13000 avant notre ère, tout au moins la conquête de l'Europe orientale, et par suite, celle de l'Asie occidentale plus reculée encore. Il n'y a pas lieu de s'en étonner. A mesure que les connaissances humaines s'étendent, nous voyons l'antiquité du monde s'éloigner de nous, et l'Eglise elle-même rompre chaque jour de plus en plus avec la partie de la chronologie biblique qui est antérieure à la Vocation d'Abraham. Il est prudent néanmoins de s'en tenir, pour l'époque approximative de l'apparition des Aryas, aux indications que fournit la chronologie égyptienne.

3° Leur civilisation.

Quelque loin que remonte dans la nuit des temps l'apparition des Aryas, elle marque une époque où la race blanche était déjà répandue sur son aire géographique actuelle. Nulle part, les Aryas n'ont été les premiers habitants des pays où ils se sont implantés. Là où il n'y avait pas de peuples à dominer, à astreindre au travail pour les faire vivre dans l'oisiveté, il n'y avait pour eux aucun but de conquête.

Non seulement la race blanche était déjà répandue en Asie, en Europe et en Afrique, à l'apparition des Aryas, mais elle était en possession d'une antique civilisation, dont les foyers étaient en Orient, particulièrement en Egypte, et dont les effets se faisaient sentir, bien qu'à des degrés divers, jusqu'aux extrémités de l'Occident, surtout le long des côtes de la Méditerranée. Cette civilisation, appelée communément *chamitique*, avait précédé des milliers d'années l'avénement des Aryas. Elle était surtout caractérisée par une grande aptitude pour la culture des arts manuels, des sciences d'application et des lettres (1), et, sous ce rapport, elle a survécu, entre les mains des aborigènes, à la civilisation aryenne et à la civilisation sémitique, qui étaient hostiles, l'une par préjugé social, l'autre par préjugé religieux, à tout travail matériel ou intellectuel. C'est elle qui a élevé, au sein de la servitude, les Pyramides, si remarquables par « l'idée grandiose de la conception, la puissance de l'exécution, les qualités particulières de mise en œuvre, la précision dans la coupe des pierres, l'exactitude rigoureuse dans l'orientation », et qui témoignent d'une science architecturale consommée et d'un outillage perfectionné. C'est son génie qui a inspiré le creusement du lac Mœris, destiné à recevoir l'excédent des eaux du Nil dans les grandes crues, et dont le pourtour n'avait pas moins de 180 lieues. Ses armes et ses outils de pierres polies, ses parures d'or et d'argent, ses pierres précieuses taillées en relief ou en creux, ses briques émaillées, ses poteries font l'ornement et la richesse des musées de l'Europe. Si, sous le nom de Chamites, sous lequel la Bi-

(1) Histoire des Langues sémitiques. E. Renan, p. 502.

ble désigne les serviteurs des Aryas et des Sémites, on range tous les peuples préexistants à la conquête aryenne, que celle-ci a réduits en servitude, et non quelques peuples de l'Afrique orientale et de l'Asie, on peut dire que tout ce que le génie humain a enfanté dans les arts, les sciences et les lettres, d'après les temps les plus reculés jusqu'à nous, est l'œuvre exclusive de la civilisation chamitique. Les civilisations aryenne et sémitique n'ont rien, pour ainsi dire, à y revendiquer. Loin d'avoir disparu devant elles, comme l'a prétendu M. Renan (1), elle s'est imposée en partie aux Aryas et les a amenés, partout où elle était florissante, à modifier leurs mœurs. Puis, plus tard, au cours des siècles, lorsqu'elle eut été vivifiée par le génie des Grecs et des Romains et régénérée par le christianisme, elle n'a cessé de grandir sous l'influence du travail, qui était pour les aborigènes une obligation sociale, et après avoir puissamment contribué à affranchir l'humanité de l'esclavage et du servage, elle a pris en mains les destinées de la civilisation moderne.

C'est du sein de cette civilisation que les Aryas ont surgi. La nature les avait doués exceptionnellement. La beauté et la pureté de leur type en faisaient une aristocratie de race. Aussi se disaient-ils les élus de Dieu, prédestinés à la domination de la terre. La richesse et la souplesse de leur langue qui, avec celle des Sémites, a inauguré dans le monde l'ère des langues à flexions, semblent indiquer qu'ils se sont appliqués de bonne heure à s'élever au-dessus de la civilisation chamitique et à se détacher d'elle. Ils dédaignaient les arts manuels et les sciences, méprisaient le luxe, fuyaient les maisons, vivaient en nomades et n'attachaient de prix qu'à développer en eux les qualités de l'homme. On peut en juger par les mœurs de l'aristocratie aryo-germaine, que Tacite estimait supérieures aux mœurs

(1) Histoire des Langues sémitiques. E. Renan, p. 503.

romaines, et par celles des Aryo-Berbers. « Citons, dit Ibn-Khaldoun, les vertus qui leur font honneur, et qui étaient devenues pour eux une seconde nature, leur empressement à acquérir des qualités louables, la noblesse d'âme qui les porte au premier rang parmi les nations, les actions par lesquelles ils méritent les louanges de l'univers : bravoure et promptitude à défendre leurs hôtes et leurs clients ; fidélité aux promesses, aux engagements et aux traités ; patience dans l'adversité, douceur de caractère, indulgence pour les défauts d'autrui ; éloignement pour les vengeances ; bonté pour les malheureux ; respect pour les vieillards et les hommes pieux ; empressement à soulager les infortunes ; haine de l'oppression ; valeur déployée contre les empires qui les menaçaient ; victoires remportées sur les princes de la terre, dévouement à la cause de Dieu et de sa religion ; voilà pour eux un fonds de titres à une haute illustration, *titres hérités de leurs aïeux*, et dont l'exposition, mise par écrit, aurait pu servir d'exemples aux nations à venir (1). »

L'ascendant moral des Aryas était encore rehaussé par leur esprit religieux, leur croyance en l'unité divine, leur foi en l'immortalité de l'âme et en une vie éternelle entourée de félicités. Leur esprit politique et militaire n'était pas moins remarquable. Les Romains eux-mêmes ne l'ont surpassé ni en persévérance ni en énergie. Ils étaient vraiment un peuple policé, quand ils ont entrepris la conquête du monde, et il suffit, pour s'en convaincre, de remarquer qu'ils ont asservi l'univers entier, bien qu'ils fussent relativement en très petit nombre.

Malheureusement pour l'humanité, les belles qualités qui relevaient si haut en eux la dignité humaine, ne se manifestaient que dans leurs rapports d'Arya à Arya et faisaient place, vis-à-vis des autres races, à l'esprit de caste

(1) Histoire des Berbers. Ibn-Khaldoun, t. I, p. 199.

le plus exclusif. Leur conception de l'humanité est exprimée si exactement dans ce texte de l'*Ecclésiastique*, qu'on le dirait d'origine aryenne :

« Dans la grandeur de sa sagesse, le Seigneur a établi des différences entre les hommes et il a diversifié leurs voies.

« Il a élevé et béni quelques-uns d'entre eux et il les a sanctifiés, et il s'est uni à eux, et il en a maudit et humilié quelques autres, et il les a dispersés quand ils se sont séparés de lui (1). »

Dans leur pensée, les hommes étaient inégaux devant Dieu, leur race composait la classe privilégiée, et les autres races n'avaient été créées que pour les servir. C'est au nom de ce principe qu'ils ont fait la conquête du monde, et qu'ils ont frappé les vaincus de déchéance sociale. La société qu'ils ont fondée comprenait : une noblesse militaire, investie de tous les droits, pouvant seule porter des armes, délibérer sur les affaires publiques, animée d'un goût d'indépendance individuelle très énergique, d'un besoin impérieux de faire sa volonté, de ne supporter aucun frein ; une noblesse religieuse, sans autre autorité que son influence morale, et n'exerçant aucun sacerdoce ; une classe de clients, au service de la noblesse militaire, recrutée parmi l'élite de la classe servile et continuant à en faire partie ; une classe servile, privée de tous droits, sans existence sociale, astreinte au travail sous toutes ses formes.

La noblesse militaire se donnait parfois, pour faire taire ses rivalités, un *roi*, dont l'autorité était précaire, mais la royauté a grandi peu à peu au point de devenir le rouage le plus puissant de l'organisation sociale du monde aryen, tout en conservant longtemps, aux yeux de l'aristocratie, le caractère antiaryen de son origine.

---

(1) La Bible, l'Ecclésiastique, chap. XXXIII, p. 12 et 13.

4° *Leur invasion.*

M. Pictet a tracé un tableau hypothétique des migrations aryennes, en s'étayant de diverses probabilités. L'éminent philologue génevois a supposé que les Aryas avaient émergé successivement de leur berceau en grandes migrations ; puis, après avoir conjecturé l'ordre dans lequel ces migrations se sont produites, il leur a assigné des itinéraires jusqu'aux lieux où elles se sont implantées, et où elles auraient formé les unités ethnographiques que nous distinguons sous les noms d'Iraniens, Hindous, Grecs, Latins, Celtes, Germains et Slaves.

« Les Iraniens, dit-il, ont dû occuper la portion nord-ouest qui avoisine la Sogdiane vers le Belourtagh, et dès lors, poussés par le surcroît de population, ils n'ont pu s'étendre d'abord que dans la direction de l'est, jusqu'aux hautes vallées des montagnes. d'où ils sont redescendus plus tard pour peupler l'Iran. A côté d'eux, au sud-est, probablement dans les fertiles régions du Badakchan, se trouvaient les Ario-Indiens, appuyés aux versants de l'Hindoukouch, qu'il leur a fallu traverser ou tourner pour arriver dans le Caboulistan et pénétrer de là dans l'Inde du Nord.... Au sud-ouest, et vers les sources de l'Artamis et du Bactrus, nous placerions les Ario-Pélasges (les Grecs et les Latins), qui se seront avancés de là dans la direction de Hérat, pour continuer leur migration vers l'Asie-Mineure et l'Hellespont, par le Khorassan et le Mazendéran. La tribu qui devait former le grand peuple des Celtes, aura occupé la région de l'Ouest du côté de la Margiane. Parfaitement libre de ses mouvements à l'Occident, elle aura sans doute obéi à la pression exercée du centre par une population devenue trop dense. Les Celtes se seront étendus vers Merw d'abord et l'Hyrcanie ; puis, contournant au sud de la mer Caspienne, ils auront fait une halte dans les pays fertiles de l'Ibérie et de l'Albanie.... Plus

tard, poussés en avant sans doute par des colonies ira-
niennes, par les Géorgiens descendus des montagnes de
l'Arménie et par des tribus venues du Nord, ils auront
franchi les défilés du Caucase, contourné la mer Noire au
Nord, gagné le Danube et remonté son cours pour pénétrer au centre de l'Europe et ne s'arrêter définitivement
qu'aux limites extrêmes de notre Occident. Cette longue
migration ne se sera pas accomplie tout d'une haleine, et,
sur cette route lointaine, bien des noms de pays, de fleuves et de peuplades d'ailleurs peu connues, témoignent
des établissements fondés par les Celtes et envahis plus
tard, en tout ou partie, par le flot germanique qui suc-
céda.

« Pour en revenir à la Bactriane, il ne nous reste plus à
placer le long du cours de l'Oxus, qui formait la limite au
Nord, que les tribus Ario-germaniques et Ario-slaves, s'é-
tendant vers le Sud au cœur du pays, dans les fertiles vallées des affluents du grand fleuve, en contact par conséquent dans trois directions avec les autres tribus. De bonne
heure sans doute, ces deux races fécondes auront traversé
l'Oxus, pour s'étendre à l'aise dans les vastes régions de
la Scythie et y demeurer pendant bien des siècles peut-être,
avant de se diriger vers l'Europe, où les a poussés graduellement l'invasion des peuples tartares. Ce dernier mouvement doit avoir commencé bien avant notre ère, en par-
tant probablement des régions situées entre le Tanaïs, le
Tyras et l'Ister, jusqu'au-delà du Hœmus ; car, au temps
d'Alexandre, la masse des peuples germaniques s'était
avancée déjà de la mer Noire jusqu'au Rhin et à la Baltique. Les Lithuano-Slaves, répandus plus au Nord et à
l'Est, sont venus ensuite, et, trouvant l'Europe déjà occupée
en grande partie, se sont arrêtés dans les régions du Nord-
Est (1). »

_____

(1) Les Origines indo-européennes, t. I, p. 50.

Ce tableau des migrations aryennes, déjà si invraisemblable lorsqu'il ne s'agissait que de l'Inde, la Perse et l'Europe, tombe de lui-même en présence de la domination universelle des Aryas et de leur infériorité numérique par rapport aux aborigènes, sur toute l'étendue des contrées qu'ils ont conquises. L'invasion aryenne a dû présenter les mêmes caractères que les invasions des temps historiques et, en particulier, que celle des Germains, dont les institutions et les mœurs étaient encore aryennes, à l'époque où ils se sont précipités sur l'empire romain. Seulement, comme les historiens modernes ont présenté les invasions germaniques sous des caractères très différents, il est nécessaire de se fixer d'abord sur ces caractères pour se faire une idée exacte de l'invasion aryenne.

« On se fait, en général, dit M. Guizot, une idée très fausse de l'invasion des Barbares, de l'étendue et de la rapidité de ses effets.... Les mots *inondation, tremblement de terre, incendie*, sont les termes dont on se sert pour caractériser ce bouleversement. Je les crois trompeurs ; ils ne représentent nullement la manière dont l'invasion s'est opérée, ni ses résultats immédiats.... L'invasion, ou, pour mieux dire, les invasions étaient des évènements essentiellement partiels, locaux, momentanés. Une bande arrivait, en général très peu nombreuse ; les plus puissantes, celles qui ont fondé des royaumes, la bande de Clovis, par exemple, n'était guère que de 5 à 6.000 hommes.... Elle parcourait rapidement un territoire étroit, ravageait ce district, attaquait une ville et tantôt se retirait emmenant son butin, tantôt s'établissait quelque part, soigneuse de ne pas trop se disperser (1). »

M. Henri Martin a peint sous d'autres couleurs l'invasion germaine. « Vers l'an 405, dit-il, le monde barbare fut

---

(1) Histoire de la civilisation en France, t. 1, p. 210.

agité par d'immenses tempêtes ; les peuples de l'Europe orientale refluèrent les uns sur les autres, et beaucoup de nations quittèrent leurs anciennes demeures.... La ruine de la Gaule eût été moins complète, si l'Océan tout entier eût débordé sur les champs gaulois (1). »

M. Fustel de Coulanges, dans une étude récente, s'élève contre ce tableau de l'invasion germaine, et en précise encore plus que M. Guizot les vrais caractères. « Se représenter, dit-il, la Germanie se précipitant sur l'empire romain est une illusion tout à fait contraire à la réalité des faits.... Nous sommes portés à nous exagérer le nombre et la force de ces barbares.... La moitié au moins était à la solde de l'empire.... Ce n'étaient pas des peuples constitués, mais bien des bandes, des armées composées de toute tribu.... Pas un seul peuple germanique, pas une seule tribu n'entra en Gaule. »

L'invasion aryenne a dû présenter les caractères que M. Guizot et M. Fustel de Coulanges assignent à l'invasion germanique. Il en existe des témoignages. La bande germaine avait la même composition que la tribu qui comprenait une aristocratie de race aryenne, très faible numériquement, des clients et des serfs aborigènes, formant le gros de la population. C'est donc avec des bandes, dans lesquelles l'élément aryen était en grande minorité, et non par des migrations en masse de tribus aryennes, que s'est faite l'invasion aryenne. L'élément aryen, qui entrait dans la composition des bandes, ne formait pas lui-même une tribu constituée ; il comprenait des guerriers de toutes les tribus, ainsi qu'en font foi les transformations phoniques de la langue aryenne, qu'on relève éparses dans ses dialectes, au lieu d'y être groupées, comme cela aurait eu lieu si l'invasion avait été entreprise par des tribus entières. On est autorisé à en induire que l'invasion

_____

(1) Histoire de France. Henri Martin, t. I, p. 334.

aryenne, pas plus que l'invasion germanique, n'a eu pour effet un déplacement de peuples ou tribus, ni chez les envahisseurs, ni chez les envahis. Les Aryas ne formaient guère que les cadres des bandes de l'invasion ; le fond était aborigène, absolument comme l'aristocratie germaine ne fournissait pour ainsi dire que des chefs aux bandes qui ont envahi l'empire romain.

Les Aryas ont envahi naturellement, en premier lieu, le pays environnant la Bactriane, leur berceau. De là, ils se sont étendus de proche en proche, en fondant des établissements de plus en plus lointains. Au fur et à mesure qu'ils s'éloignaient de la mère-patrie, ils concentraient leurs forces dans de nouveaux centres, d'où ils rayonnaient en faisant d'abord de rapides incursions sur le territoire ennemi. On sait que, durant trois siècles, les Franks sont restés cantonnés entre Paris, Orléans, Soissons et Reims, dans un espace de soixante lieues. « Hors de ces limites, toute l'administration franke consistait dans une occupation militaire. Des bandes de soldats parcouraient le pays comme des espèces de colonnes mobiles, afin d'entretenir la terreur, ou se cantonnaient dans les châteaux des villes, rançonnant le pays, mais ne le gouvernant point (1). » Les Aryas ont dû agir ainsi, et lorsque leur domination n'a plus été contestée, ils se sont disséminés et ont pris possession de leurs conquêtes, en se partageant les terres et leurs habitants.

Une fois maîtres de l'Asie occidentale, où des nécropoles de monuments de pierres brutes accusent leurs stations principales et leurs lignes de pénétration, ceux, par exemple, qu'on a relevés dans la Péninsule Arabique, dans les montagnes de l'Arabie, auprès d'Angoura (2), les Aryas ont envahi l'Europe et l'Afrique septentrionale. Leurs iti-

---

(1) Lettres sur l'Histoire de France. Aug. Thierry, p. 128 et 129.

(2) Ethnogénie gauloise. M. Roget de Belloguet, p. 506.

néraires et leurs centres d'appui y sont également marqués par des nécropoles de monuments de pierres brutes en tout semblables à ceux de l'Asie occidentale. Puis il arriva aussi une époque où ils purent, comme en Asie, se disséminer sans danger et se fixer sur les terres conquises. C'est alors que la bande se transformait en une tribu, dont l'élément aryen était l'aristocratie, et l'élément aborigène la classe servile, astreinte au servage ou à l'esclavage. L'aristocratie, divisée en *clans*, vivait en *nomade* dans les limites de ses domaines, afin de se grouper au besoin plus facilement, tandis que la classe servile était rivée au sol, afin de l'isoler et de la contenir plus facilement dans l'obéissance.

L'invasion aryenne eut ainsi le caractère d'une conquête et non d'une colonisation. Ce n'est point un surcroît de population ou la pression d'autres peuples qui a entraîné les Aryas hors de leur berceau, c'est la foi en leur supériorité et l'esprit de domination. Imbus de l'esprit de caste le plus outré, tenant le travail pour vil, et l'oisiveté pour noble, loin d'exterminer les vaincus pour s'emparer de leurs terres et les cultiver, ils se les partageaient avec soin en même temps que les terres. Leur ambition était d'être un peuple dominateur et privilégié, et quand on rapproche leur infériorité numérique de l'immense étendue de leur domination, on est frappé de la grandeur de leur œuvre sociale.

5° *Leur domination.*

La domination aryenne a fondé une société, où vivaient côte à côte « deux races d'hommes différentes, superposées sur le même sol, mais séparées par une inimitié implacable, éternelle, l'une spoliatrice, l'autre dépouillée, l'une guerrière et oisive, l'autre désarmée, disparaissant dans l'abjection et dans les fatigues du labeur servile. Chez l'une, la vie était exclusivement remplie par la politique, la guerre, les fêtes, les chasses, les cérémonies religieuses; l'homme s'y montrait capable de grandeur d'âme, de dévouement, de générosité, et s'y abandonnait en même temps à toutes les haines et à toutes les violences. Chez l'autre, la vie se consumait dans les travaux agricoles et industriels, au profit de maîtres insatiables et sans pitié, l'homme y était considéré comme un être sans âme, un instrument de travail, placé hors l'humanité, et n'était pas même admis au culte de Dieu. La religion aryenne consacrait cette odieuse dualité sociale, en professant l'inégalité des hommes devant Dieu.

Cette société a présenté, à l'origine, une grande unité. Après la conquête aryenne, tous les peuples de l'Asie occidentale, de l'Europe et de l'Afrique septentrionale, ont eu les mêmes institutions. Leur histoire a eu le même point de départ, et leur développement a passé par les mêmes phases. Composés des mêmes éléments sociaux, ils se sont différenciés peu à peu, d'un peuple à l'autre, selon le temps qu'ils ont mis à franchir chacune de ces phases, et selon la prédominance d'un élément sur l'autre, sans cesser de tendre vers un même but, la ruine du système social aryen : « Quand on regarde, dit M. Guizot, aux civilisations qui ont précédé celle de l'Europe moderne, soit en Asie, soit ailleurs, y compris même la civilisation grecque et romaine, il est impossible de ne pas être frappé de l'unité qui y règne. Elles paraissent émanées d'un même fait, d'une seule idée ; on dirait que la société a appartenu à un principe unique qui l'a dominée, et en a déterminé les institutions, les mœurs, en un mot tous les développements. » Cette unité que présentait le mouvement de la civilisation des peuples de l'Europe et d'Asie s'étendait aux peuples d'Afrique. Tous étaient courbés sous le joug de la dualité sociale, et la destruction de ce principe était l'objectif final vers lequel ils tendaient tantôt consciemment, tantôt inconsciemment, comme s'ils étaient conduits par la main de Dieu.

L'organisation de la société fondée par la conquête aryenne était immuable de sa nature. Elle était forcément condamnée à l'immobilité par la classe privilégiée qu'elle avait à sa tête, qui était tout par droit de naissance, tenait le travail pour vil, et ne ressentait que du mépris pour les hommes étrangers à sa race. Elle ne pouvait se transformer que sous l'influence de causes naissant et se développant en dehors de cette aristocratie de caste, et en dépit de sa résistance. Parmi ces causes, les principales ont été la civilisation chamitique, qui a influé sur les mœurs des Aryas, — les religions qui se sont élevées contre le régime des castes, au nom de l'égalité des hommes devant Dieu, le judaïsme, le boudhisme, le mazdéisme, le christianisme et l'islamisme, — les civilisations grecque et romaine, qui ont répandu dans le monde l'esprit démocratique, — la royauté, institution anti-aryenne, qui ne pouvait grandir qu'en abaissant l'aristocratie ; et enfin l'avènement d'une classe moyenne, issue du milieu des clients, longtemps privée de tous droits, qui a fini par s'élever au-dessus de la royauté et de l'aristocratie, et par prendre en mains les destinées de l'humanité, en inaugurant une ère nouvelle, la civilisation moderne. Bien que ces causes fussent sans liens les unes avec les autres, elles ont poursuivi, comme un instrument providentiel, un but unique, l'émancipation du monde par la ruine de l'édifice social aryen.

INFLUENCE DE LA CIVILISATION CHAMITIQUE.

Partout où les Aryas ont trouvé devant eux la civilisation chamitique florissante, ils en ont subi en partie les effets. Ainsi, bien qu'ils se fissent un point d'honneur de vivre en nomades, sous la tente ou sur des chariots, ils se fixèrent au sol, se bâtirent des maisons et des villes. Ils transformèrent le *clan* en *cité*, mais sans se départir en rien de leur esprit de caste, en continuant de considérer comme une chose ignominieuse d'habiter avec la classe servile, qu'ils laissèrent reléguée dans les champs en dehors de la cité. Habiter la cité devint un signe de noblesse, comme auparavant habiter sous la tente ou sur des chariots. C'est ce qui faisait dire aux Grecs que la vie la plus glorieuse était d'habiter une ville, sans classe servile et sans roi (1).

Leur noblesse religieuse, qui n'avait d'autre influence que celle que lui donnaient ses vertus, qui n'exerçait aucun sacerdoce, laissant à chaque chef de famille le soin d'observer les pratiques religieuses, fit place peu à peu à un corps sacerdotal, qui devint l'intermédiaire nécessaire entre la religion et le peuple, et qui acquit parfois une importance politique telle (comme en Egypte), qu'il s'éleva au-dessus de la noblesse militaire. Sous l'influence de ces corps sacerdotaux, le monothéisme aryen se transforma le plus souvent en polythéisme. Au culte d'un Dieu immatériel, incarné dans ses œuvres, ne tolérant que les monuments de pierres brutes, se substitua insensiblement le culte de dieux personnels, de forme humaine, animés des passions des hommes, auxquels on éleva des temples, des statues et des images, et qui ne pouvaient être desservis que par les prêtres. Cette révolution religieuse s'est consommée sans profit pour la classe servile, qui est restée exclue, comme par le passé, de toute pratique religieuse. Elle n'a pas non plus apporté plus de morale dans la religion. Le polythéisme, comme le monothéisme aryen, n'imposait que l'observance des rites, et les Romains se disaient « les plus religieux des mortels », uniquement parce qu'ils sacrifiaient régulièrement aux dieux.

---

(1) Essai sur l'organisation de la tribu dans l'antiquité. Koutorga, p. 38 et 40.

La femme aryenne est tombée, au contact de la civilisation chamitique, du piédestal où la plaçaient les mœurs. En Grèce, au Ve siècle, à l'encontre des temps héroïques, où la femme exerçait une influence considérable, dont toutes les légendes font mention, elle est traitée en esclave par son mari (1). A Rome, la femme est tenue hors la loi civile, hors la vie publique, et sa condition légale n'est tempérée que par les mœurs.

En certains pays, comme en Grèce et en Italie, les caractères physiques des Aryas disparaissent par leurs alliances avec les aborigènes. En d'autres, comme dans l'Afrique septentrionale, la langue aryenne parlée par l'aristocratie tombe peu à peu en désuétude pour faire place à la langue des vaincus.

Le sort des aborigènes s'aggrave. L'esclavage prédomine sur le servage, qui est la forme la plus générale de la servitude en pays resté aryen.

Telles sont les premières transformations qui se produisirent dans le monde aryen, au contact de la civilisation chamitique, et qui le scindèrent en deux mondes distincts, l'un où il était resté fidèle à ses mœurs nationales, l'autre où il avait subi les modifications que je viens d'indiquer. Le premier comprenait plus particulièrement l'Europe, à part la Grèce et l'Italie ; le second l'Egypte, la Phénicie, l'Assyrie, la Grèce, l'Italie et les côtes de la Méditerranée. Mais tous deux étaient restés soumis à la même loi sociale, le régime des castes ; la masse de la population y était asservie et privée de tous droits.

INFLUENCE DU JUDAÏSME.

Vers l'an 2170 avant notre ère, il se produisit en Orient un événement considérable, « la Vocation d'Abraham »,

---

(1) Revue des Deux-Mondes, 1er avril 1847, p. 63. Prosper Mérimée.

qui était appelé à exercer une grande influence sur les destinées de l'humanité.

Le judaïsme ne différait pas sensiblement, à son origine, du monothéisme aryen. Ils avaient ensemble plus de points communs que de dissemblances. En premier lieu, l'usage des monuments de pierres brutes. « Chose étrange ! pour avoir l'intelligence de l'architecture celtique, ce sont les livres hébreux qu'il faut ouvrir. Non seulement Abraham, comme les Druides, cherche, pour offrir en holocauste, des forêts de chênes, et non des temples, mais, par une conséquence du même principe, s'il veut des autels, il dresse des pierres (1). » D'autre part, la Bible ne dit-elle pas :

« Si tu m'élèves un autel de pierres, tu ne le feras pas avec des pierres taillées, et si tu y mets le ciseau, il sera souillé (2). »

« Tu élèveras un autel au Seigneur ton Dieu avec des pierres que le fer n'aura point touchées, avec des pierres informes et non polies (3). »

Les Hébreux se disaient aussi, comme les Aryas, les élus de Dieu, une race privilégiée, que la race maudite de Cham était condamnée à servir. Leurs destinées sont unies à celles des Aryas dans ces versets :

« Maudit soit Chanaan ; il sera serviteur des serviteurs de ses frères. »

« Béni soit l'Eternel, Dieu de Sem, et que Chanaan lui soit fait serviteur. »

« Que Dieu attire en douceur Japhet, et qu'il loge dans les tabernacles de Sem, et que Chanaan leur soit fait serviteur (4). »

Comme les Aryas, ils avaient des esclaves : « Abraham

(1) L'Esprit de la Gaule, Jean Reynaud, p. 40.
(2) Exode, chap. XX, p. 15.
(3) Deutéronome, chap. XXVII, p. 5 et 6.
(4) La Genèse, chap. IX, p. 25, 26, 27.

compte dans sa famille des esclaves par naissance et des esclaves achetés ; ils composent avec ses troupeaux l'héritage qu'il transmet à son fils Isaac ; Joseph est vendu pour vingt pièces d'argent à des marchands ismaélites, qui le revendent en Egypte. De jeunes filles sont données à Rebecca, lorsqu'elles passent de la maison de son père à celle d'Isaac. D'autres forment la dot ou le pécule de la femme, alors que la femme est achetée par du travail et des présents. Ainsi, Lia et Rachel reçoivent l'une et l'autre de Laban une esclave, en épousant Jacob (1). »

L'esprit exclusif des Hébreux, à l'égard des étrangers, n'était pas moins absolu que celui des Aryas. Leurs doctrines plaçaient les étrangers en dehors de la paternité de Dieu et de la fraternité des hommes, réservées aux seuls êtres d'Israël, en prêchant des maximes comme celles-ci :

« L'israélite qui tue un étranger n'est pas mis à mort par le Sanhédrin, parce que le Gentil n'est pas le prochain. »

« Si tu vois tomber un païen dans la mer, tu ne dois pas l'en retirer, car ce païen n'est pas ton prochain. »

Les Hébreux estimaient donc, comme les Aryas, que les hommes étaient inégaux devant Dieu, et il est inexact de dire que, dès l'époque la plus reculée, ils étaient en rapport de fraternité avec les autres races (2). Durant quinze cents ans, le judaïsme est resté une religion nationale. Il est vrai qu'il a fait des Sémites une nation libre, où « les questions d'aristocratie, de démocratie, de féodalité, qui renferment tous les secrets des peuples aryens, n'avaient pas de sens (3) », et qu'il admettait à son culte les esclaves que possédaient les Israélites, tant ceux qui étaient

(1) Revue des Deux-Mondes, 1er avril 1848, p. 167.
(2) Histoire des Langues sémitiques. E. Renan, p. 475.
(3) Histoire des Langues sémitiques. E. Renan, p. 475.

nés en la maison que ceux qui étaient achetés par argent (1). Mais ce libéralisme était limité aux Sémites, et ne s'est pas propagé en dehors d'eux jusqu'à l'avènement des prophètes.

Ce qui fait la grandeur du judaïsme, c'est surtout le prophétisme, qui en est issu vers le VIII° siècle avant notre ère. Il a été la source d'un mouvement religieux contre le régime des castes, la loi civile du monothéisme aryen. C'est lui qui a cherché à faire du judaïsme une religion universelle, en prêchant qu'il ne suffisait pas, pour mériter le ciel, de croire en Dieu, d'observer ses rites, qu'il fallait encore pratiquer la vertu, la charité, la justice, la fraternité envers les autres hommes. C'est en lui faisant allusion, et non en envisageant le judaïsme en général, que M. Renan a été autorisé à dire : « La grande idée monothéiste que le peuple juif a la gloire d'avoir prêchée et répandue dans le monde entier, autrefois je la regardais comme l'apanage propre du Sémite nomade. Je n'abandonne pas cette idée que je crois fondamentale dans l'étude comparée des religions, car en supposant que d'autres peuples aient eu la même doctrine, ce ne sont pas eux qui l'ont fait triompher, ce n'est pas leur monothéisme que le monde a adopté, c'est le monothéisme sémitique, prêché par des juifs, des chrétiens et des musulmans (2). » Toutefois, bien que la propagande du judaïsme ait été des plus actives, particulièrement à Antioche et à Alexandrie (3), son expansion n'en fut pas moins très limitée, et son influence directe sur les destinées de l'humanité a été beaucoup trop exaltée. C'est au Christ, dont la venue sur la terre avait été annoncée par les prophètes eux-mêmes, qu'il était réservé de répandre dans le monde la connaissance du Dieu de l'hu-

(1) Genèse, chap. XVII, 12.

(2) Histoire des langues sémitiques.

(3) Judaïsme et christianisme, p. 351.

manité entière, et de faire naître au cœur de l'homme le sentiment, qui est la source de la vraie morale divine, « l'amour du prochain ».

INFLUENCE DU BOUDHISME ET DU MAZDÉISME.

L'époque des prophètes a été une époque mémorable pour l'humanité asservie. Vers les mêmes temps, le boudhisme dans l'Inde, le mazdéisme en Perse, prêchaient les mêmes doctrines, comme s'ils étaient inspirés de l'esprit prophétique : « Aux VIIᵉ et VIIIᵉ siècles avant Jésus-Christ, dit Henri Martin, il s'est opéré dans le genre humain un immense mouvement, tout à la fois de faits et d'idées mêlées aux armes, et parfois propagées par les armes. On voit apparaître la grande révolte contre le brahmanisme, la réforme indienne de Boudha, *qui attaque le régime des castes au nom de la charité universelle et de l'égalité des âmes,* l'établissement de l'empire des Perses, qui fait triompher dans toute l'Asie occidentale la haute et pure doctrine de Zoroastre, le Mazdéisme, la religion du Dieu-lumière (1). »

Le boudhisme n'apportait aucune modification à la doctrine métaphysique du monothéisme aryen, mais il modifiait profondément sa notion de Dieu en prêchant que sa véritable loi était une loi universelle d'amour, de justice et de charité envers le prochain. « Ma doctrine, disait Boudha, est une doctrine de grâce pour tous. » Elle attaquait de front le régime des castes, en accordant le sacerdoce, réservé à la noblesse, à tous indistinctement, pourvu qu'on fît preuve de pureté morale, d'humilité et de charité. Après avoir triomphé durant dix siècles du brahmanisme, il fut chassé de l'Inde, où il n'a plus reparu. Mais il a pris possession de la Chine, et sa haute morale, son esprit libéral.

(1) Histoire de France, t. I, p. XVII.

le placent au nombre des religions qui se sont élevées contre le régime des castes, pour le plus grand bien de l'humanité.

La doctrine de Zoroastre s'élevait aussi contre le régime des castes, « Celui qui m'invoquera, dit le Dieu de Zoroastre, avec pureté de cœur, ou celui qui aura l'esprit éclairé par mes instructions, ou celui qui généreusement ne désirera que le bien d'autrui, celui-là, cet homme, soit qu'il vive maintenant, soit qu'il doive exister, ou qu'il ait été, son âme pure ira au séjour de l'immortalité. » Cette doctrine libérale se reflète encore dans cette prière : « Je vous adresse ma prière, ô Dieu, qui faites que le pauvre est égal au riche. » Elle honore le travail réputé vil par les Aryas, et recommande à l'homme d'être charitable envers son ennemi et son prochain. Sous son influence, l'esprit de caste s'est insensiblement effacé, et elle a fait des Perses le peuple le plus puissant et le plus policé de l'Asie occidentale.

INFLUENCE DES CIVILISATIONS GRECQUE ET LATINE.

La race aryenne était éteinte en Grèce et en Italie à l'ouverture des temps historiques, en laissant derrière elle non seulement des traces profondes de sa langue, mais son œuvre sociale intacte. Dans l'un et l'autre pays, l'aristocratie, très faible numériquement, représentée par la *cité*, était tout dans le gouvernement des affaires publiques, et la masse de la population asservie ne comptait pour rien. Ce n'est que vers l'époque des prophètes, d'où date la revanche des vaincus dans le monde entier, que des tendances se manifestent pour modifier le vieil ordre social.

En Grèce, c'est à Athènes que cette révolution prit naissance. Au temps de Périclès, « l'égalité y était parfaite entre les citoyens. On distinguait des pauvres et des riches, mais il n'y avait pas d'aristocratie... Tous avaient les mêmes droits comme les mêmes devoirs politiques, tous avaient le même rang dans la vie publique (1). » C'est ce gouvernement qu'Hérodote a tant admiré : « Il s'appelle, dit-il, l'*égalité* ; la délibération y appartient à tous, l'action à quelques-uns, aux magistrats, et ceux-là sont responsables de leurs actes (2).

Si l'on examine de près cet état de choses, on reconnaît que l'esprit de caste continue à en être l'âme. Il n'y a plus d'aristocratie, il est vrai, au sein de la cité, les plébéiens sont devenus les égaux des Eupatrides, mais en s'imprégnant en même temps de leur esprit de caste. Comme les Eupatrides, ils auraient cru s'avilir en se livrant à des travaux manuels, et ils possédaient des esclaves et des serfs, pour lesquels ils n'avaient pas moins de mépris ni de dureté. Le nombre des privilégiés avait augmenté, mais la masse de la population continuait à être rejetée de la cité. du culte des dieux, et à vivre dans l'esclavage et le servage. Ainsi, le génie grec avait imprimé un nouvel essor aux sciences, aux lettres et aux arts, il avait élevé la pensée humaine aux plus hautes conceptions philosophiques, sans modifier le moule dans lequel la conquête aryenne avait coulé le monde, autrement qu'en ouvrant aux plébéiens urbains, les clients de l'aristocratie, les portes de la cité. C'est d'autant plus à remarquer, que la civilisation grecque a grandi au fur et à mesure de l'extinction de la race aryenne en Grèce, qu'elle est l'œuvre des aborigènes du sol, qui devaient naturellement tendre à briser les chaines de l'esclavage et du servage. Malgré cela, elle resta aryenne par son mépris de l'humanité.

La civilisation romaine était, comme celle de la Grèce, chamitique par la culture des sciences, des lettres et des

(1) Revue des Deux-Mondes, 15 février 1871. Füstel de Coulanges.

(2) Histoire grecque, V. Duruy, p. 138.

arts, et aryenne par son esprit social. Comme elle, elle eut
d'abord pour effet d'émanciper les plébéiens des cités,
mais elle fit beaucoup plus qu'elle pour le bien de l'humanité. Devenue maîtresse de l'univers, elle étendit au loin
son œuvre libérale. Rome ne se laissa pas entraîner par
son esprit de conquête à réduire les vaincus en servitude
et à confisquer leurs terres. Elle eut, au contraire, l'ambition de se les assimiler et d'en faire des citoyens romains.
Sa politique la porta ainsi à octroyer des franchises municipales aux villes, et à concentrer l'activité sociale. Si elle
ne fit rien pour la population rurale, qu'elle a laissée plon-
gée dans l'esclavage et le servage, elle a préparé les voies
à son émancipation, en répandant dans le monde entier son
esprit démocratique.

Telle est la part que chacune de ces civilisations a eue à
l'affranchissement de l'humanité. C'est une erreur d'en
faire honneur au génie aryen. C'est en dehors de lui qu'elles sont nées, et contre lui qu'elles se sont développées.
Elles sont issues de la civilisation chamitique, à laquelle
leur génie n'a fait que donner des formes nouvelles. Le génie aryen était la négation de tout progrès dans les sciences, les lettres et les arts, de tout progrès social. Son trait
caractéristique a été de tendre sans cesse à faire de l'aristocratie une classe privilégiée et souveraine absolue sur la
terre.

INFLUENCE DU CHRISTIANISME.

Le mouvement religieux contre le régime des castes,
inauguré par le judaïsme, poursuivi par le boudhisme, le
mazdéisme, fut continué par le christianisme, qui est né
à la vie publique à peu près à l'époque où l'empire romain
commençait à s'effondrer. Les déshérités « se prenaient

---

(1) Histoire des Français. Théophile Lavallée, t. I, p. 37.

parfois à tressaillir ; ils sentaient passer en eux comme des lumières soudaines, et, travaillés sourdement par des instincts et des désirs d'une nature étrange, ils commençaient à vouloir s'expliquer le mal qui les dévorait ; il leur semblait qu'il devait y avoir pour eux autre chose que l'esclavage, pour l'homme autre chose que le néant. Tout à coup, voici que douze hommes pauvres et ignorants partent de la Judée pour aller instruire toutes les nations ; ils proclament l'amour de Dieu et des hommes, et jettent au milieu de ce monde classé par le glaive et basé sur l'esclavage, le dogme de la paix et de la fraternité universelles. Dieu a fait, disent-ils, d'un seul homme le genre humain. Nous sommes tous de la race de Dieu. C'était là *la bonne nouvelle* longtemps attendue » (1).

Dès son apparition, le christianisme s'est élevé contre le judaïsme, en faisant dépendre le salut, non de la pratique des rites de la loi d'Israël, mais de la crainte de Dieu et de l'amour du prochain, et il s'en est séparé par son caractère essentiellement universaliste, sans distinction, non seulement de conditions sociales, mais de nationalités et de races. Elle est de saint Paul, cette grande parole : « Il n'y a plus ni Juif, ni Grec ; il n'y a plus ni esclave, ni maître ; il n'y a plus ni sexe dominateur, ni sexe opprimé ; tous les hommes sont un en Jésus-Christ. »

Le christianisme ne s'est pas attaqué directement au régime des castes. Son action était pacifique, persuasive, s'appuyant sur la prédication. Son influence a pénétré l'humanité par la régénération de l'homme, en l'amenant à aimer son prochain comme lui-même et à faire de la morale la règle de sa vie. Son prosélytisme ne fut pas durable en Asie et en Afrique, où il disparut à peu près devant l'influence de l'islamisme, mais il conquit l'Europe entière à sa loi, et il contribua dans une large mesure à l'extinction

(1) Histoire des Français. Théophile Lavallée, t. I, p. 39.

de l'esclavage et du servage, en devenant l'âme des reven-
dications contre le vieil état aristocratique aryen. Comment
se fait-il donc que la démocratie renie aujourd'hui la source
d'où elle est sortie, et prétende se passer du christianisme
pour assurer à l'humanité une ère de justice, de liberté et
de charité?

INFLUENCE DE L'ISLAMISME.

L'islamisme est venu, à son tour, détruire par les armes
le régime des castes en Afrique, où il était resté presque
intact, après avoir traversé les dominations carthaginoise,
romaine, vandale et byzantine. Au VIIᵉ siècle de notre ère,
le peuple arabe, qui avait vécu jusque-là isolé et inconnu,
se révéla tout à coup au monde, avec l'ambition d'en faire
la conquête, et, chose plus surprenante, il eût réussi sans
ses dissensions intestines.

A cette époque, les Arabes avaient la conviction qu'un
envoyé de Dieu devait bientôt surgir de leur nation pour
prêcher la vraie loi, et mettre un terme aux misères humaines. Un simple chamelier, ne sachant ni lire ni écrire,
mais doué d'une imagination puissante et d'un génie mer-
veilleux, comprit ce malaise moral et religieux et s'annonça
comme l'envoyé de Dieu qu'on attendait. Il se mit à ensei-
gner qu'il avait reçu la mission d'achever l'œuvre de Moïse
et du Christ, que Dieu est un et n'a pas de fils, qu'il s'est
manifesté aux hommes par des prophètes de plus en plus
illuminés de l'esprit saint, et que lui est le dernier des prophètes, le plus grand de tous, le médiateur suprême. De
nombreux prosélytes ne tardèrent pas à affluer autour de
lui, et en moins de vingt ans, de 622 à 642, l'Arabie, la
Syrie, l'empire persan des Sassanides, l'Asie centrale jusqu'à l'Indus, l'Egypte, se convertirent à l'islamisme.

L'Afrique septentrionale était alors en la possession de
l'empire d'Orient, mais les villes seules, peuplées de Grecs

et de Latins, étaient dans son obéissance. Les campagnes étaient autonomes, morcelées en une foule de seigneuries, qui se groupaient en confédérations. Elles offraient, en un mot, l'aspect de l'état social actuel des Touareg ; la masse de la population était serve.

Les Arabes s'élancèrent des bords du Nil à la conquête de l'Afrique septentrionale en l'an 647, avec vingt mille combattants seulement, dont ils ne formaient pour ainsi dire que les cadres, et dont le gros était composé d'auxiliaires étrangers. Tour à tour vainqueurs et vaincus, ils parvinrent dans l'espace d'un siècle à faire de l'Afrique septentrionale et de l'Espagne une terre musulmane. Aucun événement ne met mieux en relief le triste état social et politique de tout pays courbé sous le régime des castes. Les seigneurs berbers s'alliaient tour à tour avec les envahisseurs. C'est avec des bras berbers que les Arabes conquirent l'Afrique septentrionale et l'Espagne. Mais là cependant ne fut pas le secret de leur vertigineuse conquête. La vraie raison en a été l'esprit libéral de l'islamisme, qui prohibe l'inféodation de l'homme à l'homme et qui fait de tout musulman un homme libre. L'aristocratie seule des Touareg, isolée dans les profondeurs du Sahara, conserva ses serfs tout en se convertissant à l'islamisme.

INFLUENCE DE LA ROYAUTÉ.

La royauté a servi la cause de l'humanité par l'antagonisme de ses intérêts et de ceux de l'aristocratie. Tout accroissement de son pouvoir était au détriment de l'aristocratie, et tout amoindrissement de l'aristocratie tournait au profit des classes inférieures, en favorisant leur émancipation.

Ses commencements furent des plus humbles. Il était de tradition, dans l'aristocratie aryenne, qu'aucun noble ne pouvait s'élever au-dessus de ses pairs, que tous, puissants ou faibles, riches ou pauvres, étaient souverains sur leurs domaines, et se trouvaient sur un pied complet d'égalité les uns vis-à-vis des autres. Seulement, leur indépendance engendrait le plus souvent l'anarchie, et le besoin d'ordre et de paix les amenait à se donner un roi, sans pouvoir se défendre, toutefois, de l'arrière-pensée de le renverser à la première occasion, de telle sorte que la société aryenne passait tour à tour du régime seigneurial au régime royal, et réciproquement. La royauté fut ainsi, à l'origine, essentiellement élective, passagère, accidentelle, dépendante de l'aristocratie, ne s'étendant qu'à de petits royaumes et n'ayant d'autre autorité que celle qu'elle tenait des circonstances et de la valeur personnelle du roi. Mais, quelque faible et éphémère qu'elle fût, elle était sous l'empire de sa destinée, qui la mettait incessamment en lutte avec l'aristocratie pour grandir, et la faisait tendre à se soustraire à sa tutelle, à se rendre héréditaire, à s'imposer par la conquête, à jouir d'un pouvoir absolu, à s'entourer d'une auréole de droit divin, et même à faire considérer la personne du roi à l'égal de la divinité. Elle ne réussit pas partout à s'élever à cette apogée, mais partout elle montra le même antagonisme vis-à-vis de l'aristocratie, les mêmes tendances à s'appuyer sur les classes inférieures. L'histoire en témoigne à toutes ses pages.

Hérodote rapporte que la Médie était partagée primitivement en seigneuries, que chacune d'elles se gouvernait à part, qu'il y avait beaucoup de désordre dans la contrée, et que, pour le faire cesser, l'aristocratie proclama roi un des siens, Déjocès, qui était renommé par son esprit de droiture et de justice. Déjocès transmit son pouvoir à son fils, mais celui-ci ne se contenta pas de régner sur les Mèdes. Il fit la guerre aux Perses, les soumit à son autorité et, disposant alors des forces de deux puissants peuples, il rangea la Haute-Asie sous son sceptre. Plus tard, le royaume passa aux mains des Perses, et Cyrus-le-Grand l'étendit à l'Asie entière (1). Ce prince avait ainsi élevé la royauté en Perse à sa plus haute puissance, et l'aristocratie n'en avait pas moins conservé au cœur le sentiment de son antique indépendance ; à la mort de Cambyse, par exemple, elle agita la question de savoir s'il convenait d'abolir la royauté et de revenir au régime seigneurial.

En Russie, la royauté a eu, dans les temps modernes, des destinées aussi brillantes qu'en Perse. Au IX⁰ siècle de notre ère, le pays slave était généralement divisé en seigneuries, qui étaient constamment en hostilités les unes avec les autres. « Il n'y avait entre les Slaves aucune apparence de justice, et le manque d'accord faisait naître de fréquentes rixes. Ils se déchiraient tellement qu'à la fin ils se dirent : Cherchons un prince qui nous régisse et nous parle selon la justice. Les Slaves des environs de Novgorod passèrent alors la mer pour le trouver et se rendirent chez les Varègues de la Scandinavie, pour les engager à venir prendre possession d'un pays où tout était en abondance, mais où manquait la principale cause de la prospérité des peuples, la justice et l'ordre (2). » Un guerrier des Varègues, Rurik, au nom si aryen, réputé par sa sagesse et sa bravoure, accepta leur proposition avec ses deux frères, et fut investi du pouvoir royal par le vœu même des seigneurs de Novgorod. Puis, sa descendance, de conquête en conquête, finit par régner sur toute la Russie. Mais l'aristocratie slave n'en conserva pas moins, sous l'omnipotence des czars, une grande part aux affaires, affirmée par la célèbre formule, en tête des oukases, qui n'a disparu que sous Pierre-le-Grand : *Czar oukazalt i boiarė prigovorili.* Le czar a ordonné, et les boyards ont décidé (3).

---

(1) Hérodote, I, 93.

(2) Revue des Deux-Mondes, 15 février 1872, p. 823. Russes et Mongols, p. 801.

(3) Revue des Deux-Mondes, 15 février 1872, p 823. Russes et Mongols.

La royauté pharaonique a présenté, en Egypte, les mêmes caractères aryens. Ses luttes contre l'aristocratie ont été incessantes et ont livré successivement le pays aux Ethiopiens, aux Asiatiques, aux Libyens, aux Perses, aux Grecs, aux Romains et aux Arabes. La V⁰ dynastie marque une de ces périodes d'affaiblissement de la royauté, « où l'autorité des Pharaons s'était affaiblie au point que les familles aristocratiques songent à se partager la puissance souveraine ». Cet état de choses a été commun à presque toutes les dynasties et, en général, le pouvoir des Pharaons n'a jamais été plus fort que celui des rois de la féodalité.

La royauté fut beaucoup plus lente à se développer en Occident qu'en Orient, mais, avec le temps, elle s'y éleva au même degré de splendeur et de puissance. En Gaule, par exemple, au temps de César, elle était encore, comme à son origine, élective, précaire, limitée à de petits états; sous ce rapport, la Germanie ressemblait absolument à la Gaule.

En Germanie, Arminius, le vainqueur des Romains, eut l'ambition, après ses victoires, de se faire proclamer *roi*, et malgré l'éclat de ses services, il fut mis à mort par l'aristocratie, qui lui avait obéi fidèlement pendant la guerre, mais qui ne voulait pas, le danger passé, lui faire le sacrifice de son indépendance.

En Gaule, « Orgétorix, après avoir engagé le séquanais Casticus et l'éduen Dumnorix à se faire élire *roi*, devant lui-même s'emparer du souverain pouvoir, est dénoncé aux Helvètes et mis dans les fers pour répondre à l'accusation; le jour du jugement, ses clients veulent le soutenir, et la guerre civile est sur le point d'éclater, lorsqu'il mourut tout à coup. On suppose qu'il s'est lui-même donné la mort » (1).

---

(1) Commentaires de César, t. I, p. 251.

« Il y avait chez les Carnutes un homme de haute naissance, Tasgétius, dont les ancêtres avaient régné sur
cette nation. César, en considération de sa valeur, de
son zèle et des services qu'il lui avait rendus à la guerre,
l'avait rétabli dans le rang de ses aïeux. Il régnait depuis
trois ans lorsque ses ennemis, de concert avec plusieurs
de sa nation, le massacrèrent publiquement (1). »

« Les Sénonais, nation très puissante et renommée chez
les Gaulois, avaient résolu, dans une assemblée, la mort
de Cavarinus que César leur avait donné pour *roi*. Il descendait lui-même des anciens rois de ce pays, et Morista-
gus y régnait à l'arrivée de César en Gaule (2). »

« Le père de Vercingétorix, Celtillus, avait lui-même
été tué pour avoir aspiré à la royauté (3). »

Ces rois mis à mort si sommairement par la noblesse
montrent combien était faible le pouvoir et le prestige de la
royauté en Germanie et en Gaule au temps de César, et
combien était tenace l'attachement de l'aristocratie à son
état social traditionnel, le seul légitime à ses yeux, le régime seigneurial.

La royauté franke, qui s'est implantée par la conquête
dans le nord de la Gaule et ensuite dans la Gaule entière,
était à la fois élective et héréditaire, ce qui n'empêchait pas
les seigneurs franks de traiter d'égal à égal avec les rois,
comme on le voit à l'occasion du vase de Soissons et du
meurtre des enfants de Clodomir, où « des guerriers
franks, suivis d'une troupe de braves, forcèrent les portes
du palais, et, *sans tenir compte, comme il arrive souvent,
de ce que diraient ou feraient les rois*, ils enlevèrent le
plus jeune des enfants et le mirent en sûreté (4). » Elle

(1) Commentaires de César, t. I, p. 251.
(2) Commentaires de César, t. I, p. 282.
(3) Commentaires de César, t. I, p. 7.
(4) Lettres sur l'Histoire de France. Aug. Thierry, p. 100.

passe successivement par les phases, qui semblent être dans sa destinée, et qu'on ne rencontre en nul autre pays aussi accentuées qu'en France.

Après avoir exercé, durant quelques siècles, une véritable suprématie sur l'aristocratie, particulièrement sous Pépin-le-Bref et Charlemagne, la royauté devint purement nominale avec le régime féodal, ayant perdu toute force et ne pouvant plus « parler en maître à un seigneur ». La hiérarchie féodale n'était, en réalité, qu'un simple contrat de défense mutuelle entre les membres de l'aristocratie. Le vassal devait au suzerain le service militaire, et le suzerain devait au vassal aide et protection. Le vassal, si petit qu'il fût, était souverain chez lui, et n'avait de compte à rendre qu'à Dieu.

Le régime féodal mettait plus en relief encore que dans le principe la dualité sociale fondée par la conquête aryenne. Il n'y avait plus dans la société que deux castes les nobles et les non nobles, et seuls étaient réputés nobles les possesseurs de fiefs. Les villes, qui étaient libres depuis des siècles, étaient menacées dans leur indépendance. C'était, en somme, le triomphe de l'aristocratie, et il marquait dans l'histoire l'époque la plus malheureuse de l'humanité. Mais son excès même fit naître au sein des populations urbaines une résistance opiniâtre, qui éclata au XIIe siècle, et se manifesta par la formation des Communes.

La royauté fut tantôt favorable, tantôt hostile à ce mouvement social, suivant qu'elle pouvait s'en faire une arme contre l'aristocratie ou qu'elle craignait de le voir se développer à l'encontre de l'agrandissement de sa propre autorité. Aucune considération de progrès social ne la guidait. Son seul souci était d'imprimer aux franchises communales le caractère de concessions royales et de faire des hommes libres des villes des gens du roi. Elle n'a point su se dépouiller de son esprit aryen, et n'a servi qu'indirectement la cause de l'humanité en contribuant à l'affaiblissement du régime féodal.

Au XIVᵉ siècle, la royauté, dont le rôle avait peu à peu grandi, montra malheureusement encore le même esprit intéressé vis-à-vis des États-Généraux. Elle abandonna le Tiers-État à ses propres forces, dans la crainte qu'il ne devînt trop puissant, et quand elle crut l'avoir arrêté dans son essor, elle se fit son allié contre la noblesse.

Cependant, un grand roi, Henri IV, comprit que le malaise moral de la France provenait de l'antagonisme des classes, mais ses efforts pour transformer les mœurs de l'aristocratie et la rapprocher du Tiers-État furent impuissants.

Ses successeurs se jugèrent assez forts pour lutter à la fois contre la noblesse et contre le Tiers-État, et sous Louis XIV, la royauté arriva à son apogée de puissance. Elle devint la source de tous les pouvoirs sociaux, et semblait appelée à se perpétuer dorénavant sans le concours même indirect, de la volonté publique. L'aristocratie, impuissante à continuer sa lutte séculaire, se soumit, et sa devise fut dorénavant : *Dieu et le roi*. Le règne de Louis XIV fut le triomphe de la royauté en France, comme le régime féodal avait été celui de l'aristocratie. Mais, au milieu des signes les plus trompeurs de grandeur, une révolution, préparée de longue main par l'influence du christianisme, la prépondérance de la royauté, l'amoindrissement de l'aristocratie et le rôle chaque jour croissant de la classe moyenne, allait tout à coup éclater et, en supprimant les privilèges, mettre fin chez nous au monde aryen, sinon en fait, du moins en principe. Cette révolution emporta en même temps la royauté, victime de son esprit aryen, qui l'avait entraînée à confondre ses destinées avec celles de l'aristocratie, aussitôt qu'elle n'eut plus rien à craindre d'elle, au lieu de se consacrer franchement à l'émancipation de l'humanité. Quoi qu'il en soit, elle a été, malgré ses lergiversations, un des instruments de la ruine du monde aryen et, par cela seul, du progrès social.

INFLUENCE DE LA CLASSE MOYENNE.

Les plus grandes conquêtes ont été faites par de petits peuples, et les Aryas en sont un exemple de plus. C'est avec des *dévoués* ou *clients*, qu'ils s'attachaient par les liens du *patronage*, et qu'ils recrutaient parmi les vaincus, qu'ils sont devenus les maîtres du monde. Chaque famille aryenne avait les siens, suivant sa fortune. C'étaient les artisans de sa puissance et de sa gloire. Elle les entourait de sa protection, pourvoyait à leur subsistance, et s'assurait par là leur dévouement le plus absolu.

L'institution du patronage avait une étrange puissance. C'est d'elle que Tacite a dit : « Qui survit à son chef et revient sans lui du combat est déshonoré pour la vie. Le défendre, le couvrir de son corps, rapporter à sa gloire tout ce que l'on fait de beau, voilà le devoir. Le chef combat pour la victoire, eux pour le chef. » Ces clients étaient privés de tous droits, comme les serfs, et ne faisaient, en réalité, qu'échanger leur servage rural contre un servage militaire. Mais leur sort n'en était ni si dur, ni si méprisable. Beaucoup vivaient de la vie même de leur chef, composaient sa maison militaire; tous étaient constamment mêlés aux événements de guerre et ne pouvaient que grandir avec l'importance de leurs services. En effet, « à la suite d'une de ces révolutions lentes et cachées qu'on trouve accomplies à une certaine époque, mais dont on ne suit pas le cours, jusqu'à l'origine desquelles on ne remonte jamais », les clients se trouvent former une classe d'hommes libres, intermédiaire entre la classe noble et la classe servile. Telle fut l'origine de la classe moyenne dans la société aryenne. L'époque de son avènement a été très variable suivant les peuples. Chez les

Touareg, les clients font encore partie de la classe servile, comme dans leur état primitif.

La classe moyenne ne tarda pas à présenter deux catégories d'hommes libres. L'une, engagée dans les liens du patronage, adonnée au métier des armes de père en fils, — l'autre, qui s'était formée originairement du déchet de la première, c'est-à-dire des hommes libres devenus impropres au service de guerre, exerçait des industries ou se livrait au commerce. Leurs destinées ont été bien différentes. La première, associée aux violences, aux passions de la noblesse, était indifférente au sort de la classe servile, et ne faisait que contribuer à consolider et à perpétuer l'ordre social aryen. La seconde, au contraire, composée d'artisans et de marchands, menait une existence obscure, pénible, précaire, toute de travail, mais elle devint l'origine des populations urbaines, et sa condition s'étant améliorée sensiblement sous la domination romaine par la création des *municipes*, elle finit par prendre une large part au progrès social et à l'affranchissement du monde serf.

C'est par une politique libérale que Rome s'assurait la soumission des peuples qu'elle avait rangés sous sa domination. Elle tendait à s'assimiler les vaincus, à les admettre comme citoyens dans ses propres murailles et à se les agréger en transportant la cité romaine au dehors. Elle se borna à abolir l'institution du patronage, qui constituait la puissance même de l'aristocratie aryenne. Elle la qualifia de crime et décréta la confiscation des biens à la fois contre le patron et contre les clients (1). Ceux-ci, dégagés de leurs liens, s'enrôlèrent en foule sous les aigles romaines et obtinrent le titre de citoyens romains. Une légion entière, l'*Alouette*, levée parmi les Gaulois, fut admise aux droits de cité. De nombreux corps auxiliaires

(1) Revue des Deux-Mondes, 1er août 1874 Fustel de Coulanges, p. 535.

de toutes nations, qui combattaient en Europe, en Asie et en Afrique avec les légions romaines, reçurent souvent le même privilège à titre de récompense.

Les clients qui ne s'étaient pas enrôlés dans les légions avaient afflué dans les villes, dont l'importance s'accrut rapidement, et eurent pour la première fois une vie distincte de celle des campagnes. Rome y organisa le régime municipal exclusivement avec l'élément indigène, en choisissant parmi les habitants ceux dont la fortune pût garantir la bonne administration des affaires de la cité. Ces administrateurs, appelés *Curiales*, étaient nommés de gré ou de force, avec l'obligation de ne pouvoir changer de résidence et de conserver leurs fonctions de père en fils. Leur sort était un véritable servage urbain, mais les *Curiales* ne s'en façonnèrent pas moins au maniement des affaires, le sentiment de la dignité humaine et de l'indépendance individuelle se développa en eux, éleva leur esprit, et ils se préparèrent ainsi à devenir plus tard les artisans les plus dévoués et les plus désintéressés de l'affranchissement du monde serf. Ils donnèrent naissance à la *bourgeoisie*, et les habitants des villes, trop peu riches pour entrer dans la curie, composant plus particulièrement les gens de métier, furent l'origine du *peuple* (1). Les uns et les autres concouraient à former la classe moyenne, dont le rôle devait être si prépondérant dans l'avenir, dans le mouvement progressif de l'humanité. Tout l'honneur en revient à la domination romaine, qui a pris une si grande part à sa formation.

L'invasion germanique, après l'effondrement de l'empire romain, eut pour effet la restauration du vieux monde aryen. L'institution du patronage reparut, se développa et, avec le temps, changea de caractère. Les clients avaient reçu, comme autrefois, des terres en usufruit pour prix de

---

(1) Histoire de la Civilisation en France, t. I, p. 51 et 52.

leurs services militaires. A la faveur du désordre social,
beaucoup parvinrent à rendre héréditaires entre leurs
mains ces terres qu'ils ne détenaient qu'à titre précaire, et,
de clients qu'ils étaient, ils se firent les hommes-liges, les
vassaux de leurs anciens seigneurs, en leur faisant hom-
mage de leurs fiefs et en se plaçant ainsi sous leur protection, avec promesse à leur tour de s'armer en toute occasion pour eux. Cette nouvelle forme du patronage se géné-
ralisa, et les seigneurs eux-mêmes prirent l'habitude de
se placer, dans les mêmes conditions, sous la sauvegarde
de plus puissants qu'eux. Par là, la noblesse, qui comprit
dès lors tous les possesseurs de fiefs et qui ne reconnaissait primitivement aucun chef, se hiérarchisa. Le régime
féodal était fondé.

Un long arrêt dans le progrès social fut la conséquence
de ce nouvel état de choses. Tous ceux qui participaient à
un degré quelconque, aux privilèges de la féodalité, n'a-
vaient en vue que leur maintien. Le progrès ne pouvait se
produire qu'au sein des hommes libres des villes, et c'est
ce qui fait que le degré de civilisation d'un peuple se mesure au développement des franchises de sa classe moyenne.
Les excès mêmes du régime féodal favorisèrent les reven-
dications des populations urbaines en suscitant leur énergie pour sauver leurs vieilles libertés municipales.

« Le Xe siècle et le siècle suivant, dit Aug. Thierry,
marquent pour la population urbaine le dernier terme d'a-
baissement et d'oppression ; elle était, sinon la classe la
plus malheureuse, du moins celle qui devait souffrir le
plus impatiemment le nouvel état social, car elle n'avait
jamais été ni esclave, ni serve ; elle avait des libertés et
l'orgueil que donnent les souvenirs (1). » Son esprit de révolte aboutit à la formation d'un grand nombre de communes s'administrant librement elles-mêmes, mais elle ne

---

(1) Essai sur l'Histoire du Tiers-Etat, Aug. Thierry, t. I, p. 29.

tussi il à se soustraire à la juridiction seigneuriale qu'en
se faisant sujette de la royauté. Ce mouvement politique
n'en avait pas moins grandie en importance, et elle fut admise à prendre part aux délibérations des États-Généraux
sous le nom de Tiers-État. Dès lors, elle put concevoir
l'ambition « d'abaisser jusqu'à elle tout ce qui était au-dessus, et d'élever jusqu'à elle tout ce qui était au-dessous ».
Elle imprima aux États-Généraux un tel esprit de liberté
et de justice qu'on les croirait transformés subitement en
un état démocratique.

« A partir de Louis XI, et, pendant une durée de près
de cent années, commence pour le Tiers-État une série
d'accroissements paisibles.... Grâce à un arrangement
presque consenti par la noblesse, toutes les fonctions publiques, toutes les délégations du pouvoir royal deviennent
l'apanage des enfants du Tiers. La haute bourgeoisie a
toutes les charges de robe et de finance; elle pénètre en
majorité jusque dans les conseils d'état. La basse bourgeoisie se fait un nom dans les lettres ou se fait une fortune dans le commerce. Tout le mouvement civil et intellectuel de la nation lui appartient. Il y a comme une sorte
de trêve entre les diverses classes sociales. La royauté,
traitant la noblesse et le Tiers-État comme ses deux fils,
semble avoir fait entre eux un partage de père de famille.
La noblesse la défend et l'amuse, le Tiers-État la sert; la
noblesse se bat et se ruine, le Tiers-État s'enrichit et s'ins-
truit : il éclaire et nourrit toute la société. Pendant que la
noblesse fait retentir les grands coups d'épée des Bayard,
des La Palisse et des La Trémouille, on entend dans les
rangs du Tiers comme le bourdonnement d'une ruche la-
borieuse (1). »

Dans la période de la Réforme, son rôle ne reflète pas

_____

(1) Du caractère général de l'Histoire civile de France. Albert de Broglie.
Revue des Deux-Mondes, 15 janvier 1854, p. 275.

son esprit libéral et elle le rencontrera, comme elle l'a déjà été et comme elle le sera encore dans l'avenir, isolée au milieu de ceux dont elle s'est faite l'alliée. Elle est l'instrument inconscient de leurs passions, et elle laisse à un roi l'honneur de faire montre des idées de liberté, de tolérance qui étaient les siennes.

Lorsque le pouvoir royal s'élève, en la personne de Louis XIV, à la puissance suprême, la bourgeoisie est la gloire de la France dans les arts, les sciences, les lettres, l'armée même, à laquelle elle fournit pour la première fois des soldats de fortune ; mais elle n'est rien, pas plus que la noblesse, parce que le roi est tout. Sa mission traditionnelle, la conquête de l'égalité des hommes devant la loi comme devant Dieu, subit un arrêt.

Sous le règne suivant, elle ne regagne pas le terrain qu'elle a perdu, tout en continuant à grandir dans les sciences, les arts et les lettres, et à augmenter sa fortune. Sa foi religieuse, qui avait été jusque-là la source de son libéralisme, s'affaiblit au souffle de Voltaire, sans qu'elle en soit mieux armée contre le despotisme.

Surprise par les grands devoirs que lui impose la Révolution, elle se montra au-dessous de sa tâche, sans la force nécessaire pour la maintenir dans l'acte solennel de la nuit du 4 août, qui était précisément le terme de l'évolution de l'humanité, ouverte par la domination aryenne, auquel tendaient toutes ses aspirations. La noblesse, toujours imbue de l'esprit de caste, comme si un sang aryen coulait encore dans ses veines, tenta une contre-révolution à l'aide de l'étranger. La royauté s'allia à elle et elle fut renversée. Dès lors, le peuple devint à son tour souverain maître et la Révolution perdit tout caractère gouvernemental. L'anarchie s'éleva à son comble et la nation ne vit de salut qu'en se jetant dans les bras d'un soldat. Vainqueur de l'Europe qui s'était liguée contre elle pour étouffer à leur berceau les principes de liberté de la Révolution, elle fut à

guerre détruisit ce que la guerre avait créé, et les vieilles
pratiques reprirent le dessus. La France revint à l'ancien régime, qui était sans durée possible, et une révolution ren-
versa la Restauration. La bourgeoisie triomphe ; elle relève la royauté sans poursuivre l'achèvement de l'œuvre
égalitaire de la Révolution, et la royauté s'effondre à nouveau. La République est proclamée, mais sans lui laisser
le temps de s'affermir ; la nation confie pour la seconde fois
ses destinées à un César que la guerre fait disparaître
comme son aîné. Un gouvernement républicain reprend en
mains les rênes de l'État, mais il rompt avec toute idée religieuse ; sous des formes démocratiques, il s'assimile le
vieil esprit aristocratique aryen. Le despotisme des régimes
passés continue à se manifester sous d'autres aspects, et
la nation resterait livrée à tous les hasards, si l'armée ne
se tenait, avec tant de sagesse et de patriotisme, en dehors
de la politique.

La classe moyenne a eu ainsi, en France, une grande
part dans le mouvement social. Son rôle a été moins ac-
centué dans la plupart des états de l'Europe, où la royauté
a de profondes racines et où l'aristocratie existe encore à
l'état d'institution, mais avec le temps elle y deviendra in-
failliblement prédominante comme en France.

RÉSUMÉ.

L'invasion aryenne remonte bien au-delà de 3000 ans
avant notre ère, époque la plus reculée qu'on lui ait assignée ; elle est antérieure aux temps historiques de l'E-
gypte.

Elle n'a pas été restreinte à l'Inde, la Perse et l'Europe ;
elle comprenait, en outre, l'Asie-Mineure et l'Afrique sep-

Elle n'a pas eu le caractère d'une migration en masse
du peuple aryen, mais celui d'une conquête par des bandes
de guerriers, dont les Aryas ne formaient pour ainsi dire que
les cadres, et dont le gros était composé en grande partie
d'auxiliaires étrangers à la race aryenne. Comme les invasions germaine et arabe, elle n'a entraîné aucun déplacement de peuples, pas plus chez les envahisseurs que
chez les envahis, de sorte que la race aryenne a toujours
été partout en grande infériorité numérique parmi les aborigènes du sol conquis, présentant partout avec ceux-ci
une dualité ethnique, en même temps qu'une dualité sociale.

La race aryenne était monothéiste, mais son monothéisme a dégénéré de bonne heure en panthéisme et en
polythéisme. Sa conception des destinées de l'humanité
était que Dieu avait fait aux races des conditions inégales,
qu'il avait prédestiné la race aryenne à la domination de la
terre, en la dotant des caractères physiques les plus purs,
qu'il avait créé les autres hommes d'une argile inférieure, et
qu'il en avait fait les serviteurs de la race aryenne.

Sa loi sociale, le régime des castes, était le reflet de sa
foi religieuse. Elle ne comprenait que deux classes d'hommes : des privilégiés, les Aryas, et des serviteurs, esclaves
ou serfs, tous les hommes étrangers à sa race. Cette
dualité sociale se faisait sentir non seulement dans les
conditions des personnes, mais en toutes choses, dans les
noms, les armes, l'habillement, l'habitation, etc. ; chaque
chose était ou noble, ou vile, de sorte que cette dualité
constituait en réalité deux mondes juxtaposés, essentiellement distincts, et vivant à part l'un de l'autre.

Cet état social, enveloppé d'un caractère de droit divin,
excluait toute idée de progrès. Le développement général

de l'humanité ne pouvait s'opérer que par délibération de classe et qu'en les imposant aux Aryas malgré eux. Ce dont les principales ont été la civilisation chamitique, le judaïsme, le bouddhisme, le mazdéisme, le christianisme, l'islamisme, les civilisations grecque et latine, la royauté et la classe moyenne. La lutte a continué au lendemain de la conquête, sous ces formes diverses, entre les Aryas, qui n'avaient d'autres aspirations que le maintien de leurs privilèges, et les aborigènes du sol qui ne tendaient qu'à s'en affranchir.

C'est à tort qu'on fait honneur au génie aryen de la civilisation moderne. Son influence ne s'est fait sentir que pour en arrêter l'essor. Son esprit de despotisme, de caste, et son mépris de l'humanité ne sont-ils pas la négation de tout progrès ? La civilisation moderne est l'œuvre des aborigènes du sol, des vaincus, la victoire du travail sur l'oisiveté ; elle s'est développée au fur et à mesure que s'amoncelaient les ruines de l'édifice social aryen.

Les Aryas ne sont pas nos ancêtres. Ce sont les ancêtres des aristocraties, qui ont dominé en Asie, en Europe et en Afrique, et dont la race est presque éteinte partout depuis des siècles, en laissant malheureusement derrière elle son œuvre sociale, le régime des castes. Nos véritables ancêtres, ce sont les aborigènes mêmes du sol, qui, après avoir recouvré leur liberté, ont pris la direction des destinées de l'humanité.

Parmi les causes qui ont contribué à saper dans ses fondements la domination aryenne, les influences du christianisme et de l'islamisme ont été les plus fécondes, et l'on peut dire que du vieux monde aryen, il n'existe plus qu'un monde chrétien et un monde musulman. Ce dernier est entièrement dégagé de l'esprit aryen, mais il est voué à la vie contemplative, dédaigneux de la civilisation moderne, paraissant vivre en vue du ciel, sans échapper toutefois à toutes les violences des passions humaines. Le monde civilisation, sans s'être dépouillé complètement de l'esprit nouveau, est à la tête de toutes les forces; mais il se trouve en même temps en présence de nouvelles places sociales contre lesquelles le christianisme reste visiblement sa grande force dans le présent, comme il l'a été dans le passé, pour triompher de l'esclavage et du servage.

Pont-de-Vaux, 1er mars 1893.

❧〜✺〜☙

TABLE

I

II

III

IV

MACON, IMP. ROMAND.